传承红色基因系列

主 编

辛向阳

执行主编

陈志刚

编委会

辛向阳　李正华　樊建新　杨明伟

龚　云　林建华　陈志刚　杨凤城　李佑新

北大荒

永不荒芜的家园

樊　欣◎著

人民日报出版社

北　京

图书在版编目（CIP）数据

北大荒：永不荒芜的家园 / 樊欣著．—北京：
人民日报出版社， 2024.1
ISBN 978-7-5115-8177-8

Ⅰ．①北…　Ⅱ．①樊…　Ⅲ．①北大荒—地方史　Ⅳ．
① K293.5

中国国家版本馆 CIP 数据核字（2024）第 018406 号

书　　　名：北大荒：永不荒芜的家园
　　　　　　BEIDAHUANG YONGBUHUANGWU DE JIAYUAN
作　　　者：樊　欣

出　版　人：刘华新
策　划　人：欧阳辉
责任编辑：周海燕　马苏娜
封面设计：元泰书装

出版发行：人民日报出版社
社　　　址：北京金台西路 2 号
邮政编码：100733
发行热线：（010）65369509　65369527　65369846　65363528
邮购热线：（010）65369530　65363527
编辑热线：（010）65369518
网　　　址：www.peopledailypress.com
经　　　销：新华书店
印　　　刷：大厂回族自治县彩虹印刷有限公司
法律顾问：北京科宇律师事务所　（010）83622312

开　　　本：710mm×1000mm　　1/16
字　　　数：180 千字
印　　　张：13.5
版　　　次：2024 年 7 月第 1 版
印　　　次：2024 年 7 月第 1 次印刷

书　　　号：978-7-5115-8177-8
定　　　价：58.00 元

总　序

传承红色基因　赓续伟大精神

人无精神则不立，国无精神则不强。习近平总书记在党史学习教育动员大会上指出："在一百年的非凡奋斗历程中，一代又一代中国共产党人顽强拼搏、不懈奋斗，涌现了一大批视死如归的革命烈士、一大批顽强奋斗的英雄人物、一大批忘我奉献的先进模范，形成了井冈山精神、长征精神、遵义会议精神、延安精神、西柏坡精神、红岩精神、抗美援朝精神、'两弹一星'精神、特区精神、抗洪精神、抗震救灾精神、抗疫精神等伟大精神，构筑起了中国共产党人的精神谱系。"①在庆祝中国共产党成立100周年大会上，习近平总书记进一步指出："一百年前，中国共产党的先驱们创建了中国共产党，形成了坚持真理、坚守理想，践行初心、担当使命，不怕牺牲、英勇斗争，对党忠诚、不负人民的伟大建党精神，这是中国共产党的精神之源。"②革命理想高于天。以伟大建党精神为源头的中国共产党人的

---

① 习近平：《在党史学习教育动员大会上的讲话》，《求是》2021年第7期。
② 习近平：《在庆祝中国共产党成立100周年大会上的讲话》，《人民日报》2021年7月2日第2版。

精神谱系，是我们党和国家红色基因的重要组成部分，已经深深融入中华民族的血脉和灵魂，成为鼓舞和激励中国人民不断艰苦奋斗、攻坚克难、从胜利走向胜利的强大精神动力。

中国共产党的党旗是红色的，中华人民共和国的国旗是红色的——红色是中国共产党和中华人民共和国最鲜亮的底色。红色基因是我们党的血脉和灵魂,是我们党的宝贵财富和精神力量。在革命战争年代，中国共产党人随时面临生死考验。第一次国共合作失败后，中华大地被白色恐怖笼罩，革命者血流成河，但是他们没有被腥风血雨吓倒。夏明翰身陷牢狱坚贞不屈，在给妻子的家书中发出"坚持革命继吾志，誓将真理传人寰"的豪迈誓言。1936年，共产党员赵一曼在与日军作战中负伤被俘，面对敌人的严刑拷打，她宁死不屈，从容就义，年仅31岁。在抗美援朝战争中，时任志愿军某部连长的杨根思，坚守阵地，在危急关头，抱起仅有的一包炸药，拉燃导火索，纵身冲向敌群，与敌人同归于尽，生命定格在28岁……

回顾历史，100多年来，我们党始终把为中国人民谋幸福、为中华民族谋复兴作为自己的初心使命，始终坚持共产主义理想和社会主义信念，遭遇无数艰难险阻，经历无数生死考验，付出无数惨烈牺牲，以"为有牺牲多壮志，敢教日月换新天"的大无畏气概，团结带领全国各族人民为争取民族独立、人民解放和实现国家富强、人民幸福而不懈奋斗，书写了中华民族几千年历史上最恢宏的史诗，创造了人类发展史上的伟大奇迹。习近平总书记强调："要深刻认识红色政权来之不易，新中国来之不易，中国特色社会主义来之不易。"

把红色基因传承好，确保红色江山永不变色，是我们的历史责任和光荣使命。党的二十大的主题是："高举中国特色社会主义伟大旗帜，全面贯彻新时代中国特色社会主义思想，弘扬伟大建党精神，自信自强、守正创新，踔厉奋发、勇毅前行，为全面建设社会主义现代化国家、全面推进中华民族伟大复兴而团结奋斗。"党的二十大闭幕后不到一周，习近平总书记带领新当选的二十届中共中央政治局常委瞻仰延安革命纪念地，庄严宣示新一届中央领导集体赓续红色血脉、传承奋斗精神，在新的赶考之路上向历史和人民交出新的优异答卷的坚定信念。新时代新征程，我们要牢记"三个务必"，牢记红色政权是从哪里来的、新中国是怎么建立起来的、新时代伟大变革的成就是如何取得的，坚定道路自信、理论自信、制度自信、文化自信，坚定历史自信，增强历史主动，谱写新时代中国特色社会主义更加绚丽的华章。

"传承红色基因"系列图书，坚持以习近平新时代中国特色社会主义思想为指导，旨在从党的百年伟大奋斗历程中汲取继续前进的智慧和力量，讲好红色故事、传承红色基因、赓续红色血脉，坚定理想信念，为全面建设社会主义现代化国家、全面推进中华民族伟大复兴凝聚强大精神力量。

是为序。

辛向阳

2023年11月29日

前 言

　　有生命力的精神文化源于伟大的实践。长期以来，黑龙江垦区屯垦戍边、艰苦创业，建设现代化农业的实践历程，形成了日趋完善弥足珍贵的精神财富——北大荒精神。站在新时代的历史方位，传承和弘扬北大荒精神，必须深刻认识和深入探究北大荒精神的丰富内涵，深入了解和深刻把握新时代赋予北大荒精神的新内涵。

　　早在 1947 年，解放战争转向战略反攻阶段的关键时期，中国共产党的大批复转军人和地方干部，按照党中央和毛泽东同志"关于建立巩固的东北根据地""走集体化、机械化生产的道路""创办一个粮食工厂""培养干部，积累经验，创造典型，示范农民"等重要指示精神，来到沉睡万年的亘古荒原——北大荒，创建起第一批国营机械化农场，拉开了北大荒开发建设的序幕。1958 年，王震将军亲率 10 万复转官兵挺进北大荒，翻开了北大荒开发建设史上最为壮丽的一页。20 世纪六七十年代，复转官兵、支边青年、大专院校毕业生和城市知识青年组成的百万拓荒大军相继开赴北大荒，投身北大荒波澜壮阔的开发建设事业，用青春、热血和汗水创造了人类垦殖史上的奇迹。特别是沐浴着改革开放的春风，1978 年后黑龙江垦区进入加快发展的新的历史时期，解放思想，开拓进取，现代化建设实现新跨越，经济和社会步入了发展快车道。进入 21 世纪以来，垦区社会生产力提高到一个新阶段，创造了国内一流的农业劳动生产率和粮食商品率，实现了跨越式的发展。开发建设北大荒，是党中央高瞻远瞩的重大战略决策，是我国社会主义现代化建设的一项宏伟事业，彰显了黑龙江垦区战略地位的难以替代。

北大荒的开拓史就是北大荒精神的发展史，北大荒的发展建设离不开北大荒几代人的努力。在不同的历史时期，北大荒精神与时俱进，不断地被赋予新的内涵。北大荒的创业历程是悲壮的，一批批拓荒者在连绵数十里的沼泽地、百里无人烟的亘古荒原、冰天雪地的严寒区开荒生产，建立农场。经过半个多世纪的奋斗，开拓进取的北大荒人将当年只能靠人拉马拖的农场建设成一个又一个现代化大型农场，北大荒成为国家重要的商品粮生产基地，这些都离不开北大荒精神的支撑和鼓舞。相同的理想信念、相同的奋斗目标，影响着几代北大荒人。北大荒精神不仅体现在拓荒者战天斗地、不惧艰险的创业初期，而且体现在北大荒人不等不靠、迎难而上的建设时期。

北大荒精神以及黑龙江垦区发展的成就得到了历届党和国家领导人的高度评价。20 世纪 60 年代，毛泽东同志致信"问候北大荒的同志们"；1980 年以来，邓小平、江泽民、胡锦涛等同志先后到黑龙江垦区视察，提出垦区要建设好商品粮基地、大力发展多种经营，办好家庭农场的改革设想；发出"发扬北大荒精神，率先实现农业现代化"和垦区要"成为全国农业现代化的排头兵"的号召。2016 年 5 月，习近平总书记在黑龙江省考察时指出："黑龙江是农业大省和粮食主产区，要统筹抓好现代农业产业体系、生产体系、经营体系建设，因地制宜推进多种形式规模经营，用规模经营提升农业竞争力、增加农民收入。"

北大荒精神，既具有民族精神的深厚底蕴，又凝结着时代精神的活力，是民族精神与北大荒开发实践高度统一的成果，具有强大的生命力、感召力和凝聚力，是北大荒人政治觉悟、精神境界、道德情操、意志品格、行为规范和工作作风的集中体现。作为在一种奋斗中形成的群体精神，具有鲜明时代性的北大荒精神，在北大荒开发建设的每个时期都有不同的外化表现，促使北大荒涌现出不同的英雄群体和代表人物。进入新时代，北大荒人在继承老一辈优良品质的同时，也在丰富着北大荒精神的内涵，使北大荒精神生生不息、不断发扬光大。

北大荒精神在龙江四大精神中省域特色较为明显，是龙江魂的主要标识，北大荒精神不仅是三代北大荒人屯垦固边、披荆斩棘，赓续伟大建党精神，以及井冈山精神、延安精神、南泥湾精神等一系列革命精神的红色基因血脉，将亘古荒原建设成享誉世界的北大仓的生动写照，更是龙江儿女在新民主主义革命时期巩固后方、支援前线，在社会主义革命和建设时期对党和国家赤胆忠诚、勇于担当，在改革开放和社会主义现代化建设新时期自力更生、锐意进取，在新时代执着追求、奋发有为的精神浓缩。从宏阔的视野审视，北大荒精神就是龙江各条战线广大干部群众开发建设、接续发展美丽家乡的精神境界和物化状态的高度统一体。

在中国共产党团结带领中国人民继往开来、砥砺奋进的新征途上，为深入学习贯彻习近平新时代中国特色社会主义思想，从党的百年伟大奋斗历程中汲取继续前进的智慧和力量，大力弘扬以自力更生、艰苦创业、勇于开拓、甘于奉献为主要内容的北大荒精神，正当其时，十分必要。

目　录

第三章　北大荒精神的重要载体

第四章　改革开放后北大荒的发展

第五章　新时代北大荒的使命

第六章　新时代北大荒精神的特征

第七章　北大荒精神的价值意蕴

第一章
北大荒精神的铸就历程

　　学习历史是为了更好走向未来。站在历史的肩膀上才能看得远，追寻历史的方向才能走得远。每个时代都有它的精神，时代精神依据一定的社会结构而形成，北大荒独特的地理与人文环境孕育了极具东北特色的北大荒精神。

　　北大荒，得名于其所处的严寒"北"国，广"大"土地，"荒"漠沼泽之地，原指中国东北方位的万古荒原，历朝历代都被认为是最偏、最荒、最寒的地域之一。但是，北大荒的环境资源具有极大的可开发性，潜力巨大。历史上各朝代的统治阶级都有开发北大荒的意图，以求实现政治统治的扩大和经济活动的增长。然而，迫于无法克服的险恶自然环境，对于北大荒的开发均未能取得成功。

　　新中国成立前后，北大荒发生了翻天覆地的转变，中国共产党领导数十万军民在北大荒这片荒泽中屯垦成边、奋斗发展，成为北大荒事业的崭新起点，实现"荒"变为"仓"的惊天变化，是中国在世界农业发展史上引以为傲的伟大壮举。东北寒地的垦荒是在异常艰苦的自然环境中进行的，共产党员展现先锋模范作用带头进入北大荒，近百万复转军人和知识青年等下定决心扎根北大荒开垦荒泽，他们不怕牺牲，甚至将自己的生命奉献给这片土地，他们勤劳踏实，在和艰苦环境的斗争中孕育了北大荒精神。北大荒精神和东北独特的气候以及地理人文环境有着不可分割的关系，相融相生，是20世纪那火热的年代下东北必然产生的一股文化的"气"。北大荒精神也在一代又一代人的实践中不断展现新的活力，激励北大荒人民前行，不断涌现新的发展与建设成果。

第一节　北大荒的戍边拓荒

所谓"北大荒"，主要是指中国的黑龙江省区域内的黑土地带板块，主要由嫩江平原、三江平原、黑龙江谷底三块广大的荒芜沼泽之地组成。在上千年的历史演进中，北大荒一直属于高寒冻土，常年有极端天气发生，气候极度不适宜人类生存和生产，来自西伯利亚的寒风途经此地，风雪盘踞，厚雪之下掩藏着"吃人"沼泽，沼泽之多、沼泽之广让人们不敢多有举动。险恶的自然环境作为一个屏障阻拦着前往北大荒的开垦者，从古代至近代，广阔的千里土地依旧是荒原，北大荒的荒芜险恶在世世代代的人们中间口口相传。

北大荒因为沼泽而人迹罕至，但是沼泽同样是一片沃土，沼泽和草滩混杂而生，是芦苇的超自然原始的生存环境，也是各类野生动物繁衍、生存、发展的优良栖息之地。20世纪四五十年代，在建设祖国的火热氛围中，开垦北大荒这片土地是共产党人与天奋斗、与地奋斗的必然行动，人们在斗争的过程中挖掘宝藏，同时也面临来自北大荒的挑战。[①]新中国成立后，在几十年的发展历程中，北大荒已成为戍边拓荒的黑龙

---

① 孙庆海：《十万官兵开发北大荒》，《党史文汇》1994年第9期。

江垦区的代称，并且极大地发挥了自身农业优势，坐实了国家粮食安全压舱石的美誉。北大荒戍边拓荒的艰苦历程，是铸就北大荒精神的重要实践基础。

（一）北大荒的区位地理、资源禀赋条件

1. 北大荒的地理范畴

北大荒在中国最北的地理区位上，屯垦戍边的部分都在黑龙江省，向西与内蒙古连接，向南与东北中间省份吉林省相接，向北与俄罗斯隔乌苏里江相望，其地域内有黑龙江、松花江等。北大荒的荒原在历朝历代都被认为是最偏、最荒、最寒的地域之一，但也是世界范围内的三大黑土地之一，曾经被夸赞为"地球人胸膛前"的一枚深厚质感的"黑宝石"而"闪闪发光"。北大荒的地域范围，从经纬来看，就是指位于东经 123°40′ 到 134°40′ 之间横跨 11 个经度、从北纬 44°10′ 到 50°20′ 之间纵贯 10 个纬度，总面积达 5.53 万平方公里的地区，包括黑龙江省嫩江流域的平原、黑龙江谷地与三江流域的平原等广阔荒泽原野地区。北大荒往北的方向是气势恢宏的小兴安岭地区，往西的方向是肥沃的黑龙江松嫩流域平原区。

从众多的历史研究中，都可以找到些许关于北大荒地理区位的描述。其实在非常遥远的时代，就已经有对北大荒的描述和注解。在《山海经·大荒北经》中记载："大荒之中，有山曰不咸，有肃慎氏之国"，说明北大荒原本的意思是中国东北原始的广阔的荒原。《山海经》这段文字中提到的肃慎氏，也可以在其他历史书籍中得到印证。在《史记·五帝本纪第一》中有"唯禹之功为大……定九州……方五千里，至于荒服……北山戎、发、息慎……"郑玄注："息慎，

或谓之肃慎，东北夷。"《三国志·魏志·陈留王奂传》载：景元三年（262年）"夏四月，辽东郡言肃慎国遣使重译入贡……"在《后汉书》中也记载了肃慎先民商、周时，居"不咸山北……东滨大海"。

根据《山海经·大荒北经》中的文字，可得出三个信息。第一个是当时人们对北大荒这片荒泽已经有了较为具体的"大荒"的名称概念，第二个是当时"不咸山"和"肃慎氏之国"一起被人们称为"大荒北"，第三个是有比"大荒"更为偏僻和荒芜的地方，其中就包括"不咸山"和"肃慎氏之国"。根据历史考证，长白山就是《山海经》中的不咸山，长白山向北就是今天的老爷岭和完达山，"东滨大海"指的就是现在中国东北部沿海的日本海。根据记载，牡丹江至黑龙江下游流域是肃慎部族主要活动地域所在，生活范围以如今宁安县一带的牡丹江流域为中心，唐朝神功元年（697年）开始被称呼为渤海（697—926年）。[①]现在，北大荒的大部分垦区就建立在古肃慎部族生活的区域范围内。[②]

2. 北大荒的气候条件

北大荒是寒温带大陆性季风气候，这一地区接壤俄罗斯东部，每年都会经受来自西伯利亚的寒流，寒潮刺骨，气温骤降，高纬度下冬季漫长，日照少，一年中最低气温可达零下48.6摄氏度，冰霜期的时间占据全年的2/3，有厚达2.5米的冻土层，泼水成冰的奇观都能在这里得到见证，鹅毛大雪是对北大荒生动形象的概述。因此，北大荒地

---

① 韩乃寅、逢金明：《北大荒全书（简史卷）》，黑龙江人民出版社2007年版，第105页。
② 盛大泉、王英志、周燕红：《十万官兵转业北大荒：黑土地上的燃情岁月》，《中国人才》2008年第14期。

区就是冰雪的天地。北大荒在春季时温度较低、天气干旱，夏季时温热多雨水，秋季时容易水涝早霜，寒冷的冬季占据全年多半时间，没有霜的时间极短。北大荒降水具有明显的季风性特征。夏季时有湿润的东南季风，因此降水充沛，冬季时有干冷的西北风，因此，寒冷干燥并且少雨。夏季时的北大荒，在副热带高压和海洋暖湿气流的双重影响下，温暖湿润，空气中水分较多。北大荒的春秋两季是短暂的过渡时期，气温变化剧烈，春季的时候多风而少雨，全年降水量大致为300—650毫米。

由于北大荒南北纵跨 6 个纬度，这样的地理条件让北大荒存在较大的气温差，全年平均的气温从南至北由 2.6 摄氏度降到零下 3.5 摄氏度，在这样寒冷的环境下，农作物大多只能种植一季。虽然全年总体降雨较少，但是在种植季节，太阳光照时间相对较长，并且光照强度大，全年总体太阳光照时间数量为 2400—2900 小时。在夏季的时候，高温天气和降水同时期，非常有利于农作物生长。因为冬季寒冷漫长，北大荒地区的病虫害也较少，种植的农作物生长周期长，经历较大温差，因此也有较好的农作物品质。[①]

3. 北大荒的地质地貌

北大荒所在的地理区域范围内，包含着湖泊、庞大的水系、山谷和平原、山地和丘陵等，有着繁杂的自然地貌。在北大荒的最东部，与俄罗斯以乌苏里江相分，旁边有平静的兴凯湖乡，有着人与自然和谐相处的美好传说。北大荒还有横贯其中的秀丽的完达山。这里有巍然坐落的座座山丘，有整齐平坦的平地，有宽大的谷地。北大荒的西

---

① 韩乃寅、逄金明：《北大荒全书（简史卷）》，黑龙江人民出版社 2007 年版，第 132 页。

部是由松花江、嫩江冲积而形成的平原，在松嫩平原区上，嫩江从伊勒呼里山千里南下，与松花江共同侵蚀着这片平原，使其形成地势平坦的平原。北大荒的东部是三江平原区，三江平原的平均海拔只有54米，存在万分之一的坡降，有着非常罕见的平坦地势特点，形成了大面积的低海拔沼泽，这片北大荒的沼泽曾被称为"鬼沼"。北大荒的北部是小兴安岭山脉，还在不断向它的东南方向延伸，形成了北处低南处高的地势。北大荒的南部是东北长白山系的张广才岭、老爷岭和完达山组成的山地，形成了西南处高东北处低的地势，总体海拔高度在500—1000米之间。北大荒地域内的大江大河形成了对山和平原的分割，无数的小溪流又把平原进行了细分。在冬季的时候，还有累堆的冰雪阻拦了大道，折枝散落妨碍通行，被誉为"秀色蕴于险峰之顶，瑰宝必藏于艰险之地"。

4. 北大荒的土地资源

北大荒的黑土资源非常多，土壤质地细腻肥沃，是中国土地的珍品瑰宝，是全世界三大黑色土地带之一。在全球视角下，中国的北大荒也具有非常大的优势，是世界顶级的耕植农业区，是很多地区无法比拟的土地肥沃区，具有得天独厚的自然地理优势。因此，在人们口中总会说起"南有南水北调，北有三江灌区"。从北大荒的空间位置和平面面积来看，其位于亚欧大陆的东方，也是中国的东北方，现有的垦区土地平面总面积5.43万平方公里，占黑龙江省土地面积的11.6%。北大荒包括耕地、林地、草原、水面等地貌，分别有3100多万亩、1305万亩、549万亩、411万亩。其中森林占据面积最大，森林的面积达到80.5公顷，覆盖全域的14.6%；天然形成的林场大致有35.7万公顷，树林的储蓄和积累量达到2622万立方米。这些森林和林木的客观指标让北大荒成为名副其实的"绿色银行"。从中国版图上看，北大荒就是一个天然的"绿色屏障"，在延绵的边疆形成一条绿色的线，在农业丰收的时候，便是一条硕果累累的丰收带。①

从北大荒的土壤特性来看，其土壤的类型多达十几种，多以适合农种植物的土壤为主，其种类有暗棕壤、黑钙土、风沙土、白浆土、黑土、泛滥土、草甸土、水稻土、沼泽土和盐碱土等。北大荒的黑土资源丰厚主要是因为其中的黑土和草甸土占比最大，这两种土壤占耕地面积的50%，尤其其土壤的特性均为细腻松软。因此，耕地多数为平原，地势起伏不大、土壤黑黝、地质肥沃，土壤中的有机质含量平均保持在3%—5%之间，有的地域甚至超过10%。作为全球最大的黑色土壤地带之一，这里黑色土壤层的厚度在30—50厘米之间，适合植物生长的土壤肥力巨大，植物扎根层厚，有机质均匀分布并且含量极高，能够起到很好的保水、固土等功能，维持土壤肥力的持久度和提高土壤的透气性。同时，北大荒土地广袤，具有非常适合机械化操作的农业耕种地势。②北大荒这些特征使其获得了"捏把泥土冒油花，插根筷子也发芽"的美誉，成为我国水稻、大豆等主要粮食的重点供应区域。

在2016年，中国地质调查局对北大荒进行土壤评估调研，大范围、多数据和多方采样，结果显示，试验范围内的土壤99.54%都达到了国家双A级的土壤标准，富硒含量高达63.8%，这让人们更加确信北大荒非常适合富硒植物的生长，能够为天然绿色的富硒大豆和水稻

---

① 刘济民：《永远的丰碑——纪念十万复转官兵开发建设北大荒50周年》，《北大荒文学》2008年第6期。
② 韩乃寅、逄金明：《北大荒全书（简史卷）》，黑龙江人民出版社2007年版，第158页。

的发展提供重要条件。

5. 北大荒的水利资源

北大荒除了千万年积累下来的黑色土壤资源，水利资源也非常适合农业的发展。北大荒主要属于寒温带大陆性季风气候，每年冬天必然受到来自西伯利亚的寒流的侵袭，冬天漫长并且酷寒干燥；因为处于欧亚板块的东部，每年夏天会受到来自太平洋的暖湿气流影响，夏天短暂并且温热湿润。北大荒的全年气温也偏低，平均气温在 2.6 摄氏度到 3.5 摄氏度之间，即使全年中气温最高的月份，温度依旧不高，7 月的平均气温大致在 19 摄氏度到 21 摄氏度之间，在特殊的极端天气下，可能达到 39 摄氏度的高温；在全年中气温最低的 1 月，平均气温大致在零下 15 摄氏度到零下 30 摄氏度之间，在特殊的寒潮天气下，温度可能低达零下 48 摄氏度。总的来看，冬季很长，夏季迅逝，无霜期仅仅为 110—145 天，超过半年的时间均会出现霜打天气，基本上全年的降水量稳定在 300—650 毫米之间，在黑土质上，这样的降水量非常适合小麦、水稻、大豆和玉米等农作物生根发芽。

从北大荒区域内的江河流域来看，覆盖了黑龙江省的主要三大水系，南有松花江，北有黑龙江，东有乌苏里江，这些水系涉及面积广泛，还有水系下的分支河流，主要有结烈河、嫩江、牡丹江、穆棱河、鸭绿河、讷谟尔河、汤旺河、鸭蛋河、挠力河、诺敏河等。因此，北大荒的水域面积是相对可观的，达到 1000 平方公里以上，分支河流 50 多条，存在 3000 亿立方米以上的水流量，为动物植被的发展提供了相对充分的水源保证。北大荒达到 97.5 亿立方米的平均水资源总量，其中主要部分就是土地表面的水资源量，高达 56.6 亿立方米，土地表面的河流径流有 56.7 亿立方米，有 37.03 亿立方米采用量；除了地表水资源，地下水资源也不少，达 33 亿立方米的可开发量；广受人们关注的淡水，总面积也达到了 28.06 亿立方米。

从黑龙江全省来看，庞大的水力资源基数让人均占有水资源量达到 6094 立方米，这个数据高于全国的平均水资源水平。北大荒现在有水库 193 座，这些水库可以储存容量 111351 万立方米的水。北大荒除了地表，还有可以无限探索的地下资源，其经过原始的地壳运动，存在蕴含着丰富地下水的地质结构，经考察预计达 29.8 亿立方米可利用量，高于全国大多数地方的平均水平。可知，北大荒极其丰富的水力资源，使其极为适宜大面积农业生产的发展。[①]

6. 北大荒的矿产和动植物资源

北大荒除了拥有对农业发展极为重要的土壤环境和水利条件，域内的矿藏资源量也很庞大，已知储量就已经达到很多省份不可企及的高度，动植物资源也丰富多样。北大荒地区是世界上最大的黑色土壤地带之一，土壤中不仅具有丰富的有机物，还有丰富的金属和矿藏，如煤炭、石油、铜、石墨、金、铁、大理石、石英等。北大荒范围内已经被探测出来的煤炭储备量有 1.5 亿吨，远景的储备量更是高达 2.48 亿吨；已知的一般等价物黄金的储备量相对于煤炭更高，约 15.4 吨，远景的储备量高达 58.7 吨；石灰石也是北大荒重要矿藏之一，有数十亿吨以上的储存量。这些资源为北大荒采矿行业的发展奠定了非常有利的基础。

矿藏丰富的地区往往同时伴随着动植物资源的丰富。北大荒得天独厚的自然地理环境为动物、植被提供了相当舒适的生存环境，山林

---

① 韩乃寅、逄金明：《北大荒全书（简史卷）》，黑龙江人民出版社 2007 年版，第 183 页。

中有著名的东北虎，还有狍子、野猪、熊、狐狸、鹿、狼等野生动物；广阔的沼泽地为某些动物提供了天然的、安全的栖息地，如丹顶鹤、天鹅、野鸭、鹳等。在丰富的水系下，北大荒的水产物种有鲑（大马哈）、鲤、鳇、大白鱼以及"三花五罗"（鳊花、鳌花、鲫花，法罗、铜罗、雅罗、哲罗、胡罗）等。在北大荒的管辖范围内，一共有林地1300多万亩，包括红松、云杉、黄菠萝、落叶松、水曲柳以及桦、杨、榆、柞等大品种的树种；有人参以及党参、五味子、黄芪等名贵的中草药。北大荒古老的历史，还让它留下了很多远古时期的化石，为北大荒动植物的寻溯提供了宝贵的数据标本。

从北大荒动物、植被资源的种类及数目来看，省级以上的野生保护动物现有145种，其中有16种国家一级重点野生保护动物，野生鸟类11种、野生兽类5种；有67种国家二级重点野生保护动物，其中野生鸟类56种、野生兽类11种；黑龙江省的地方野生保护动物有62种，其中有3种两栖类、3种爬行类、43种鸟类、13种兽类。野生动物中国家一级保护的有黑鹳、梅花鹿、白鹳、丹顶鹤、金雕等；野生动物中国家二级保护的有白琵鹭、鸳鸯、小天鹅、白枕鹤、大天鹅、黑熊、马鹿等。黑龙江省地方野生保护动物有赤狐、狍、雉鸡、啄木鸟、林蛙、鸿雁、野猪等。北大荒植物资源共有1600余种，近1000种被子植物，分别属于450属130科；有10种国家级重点保护的野生植物，主要树种有红松、樟子松、榆树、落叶松、紫椴、紫穗槐、槐树、柳树、胡桃楸、桦树、水曲柳、黄菠萝等；北大荒的山林中有大量可入药的野生植物，达130多种。北大荒是机械化栽培党参、人参、黄芪、防风等基础中药材的纯天然适宜场地，也是水果、木耳、蜂蜜和白瓜子等零副产品的优良产地。

（二）自古以来北大荒的开发史

1. 古代北大荒的开发史

在古代，北大荒最大的历史地理特征就是"荒"，荒瘠、荒寒、荒蛮、荒芜。然而，在中国的历史上，北大荒也存在过人类的生活足迹，近年来发掘出的不少历史文物都可以断定，在大约 2 万年以前，北大荒已经有远古时期人类的足迹。考古专家曾经在阎家岗农场发现一具远古时期的人类头骨化石，在友谊农场发现了汉魏时期满族祖先肃慎人的遗迹，即肃慎人在凤林古城建立的城镇。追溯到千百年前的北大荒，完全是传统生产方式，依靠简单的劳作工具，人们的生活水平低，物质要求不高，大规模开发的可能性很低。古代的人们抵抗不了当时的极寒天气，只能依靠自然的御寒手段和御寒工具，如生火取暖、打猎获得动物毛皮等；古代的人们还停留在封建的小农思想中，独门独户的开垦方式、自给自足的生活方式，更是无法实现大面积开垦。综合来看，在古代北大荒的开发难度极大，极不具备开垦的可能性。清代中前期，东北才出现了较大的人口迁移和地区开发的变迁。而到了清朝晚期，社会动荡，清政府为了增收，允许不少地方进行人口迁徙。经历了浩浩荡荡的闯关东，北大荒实现了人口飞速增长，农业生产力得到较大程度的提升，但还未完全得到去荒化的发展。①

自古代到近代，由于缺乏有力的屯垦戍边，北大荒广阔的黑土地只能闲置荒废。随着人们谋生的现实需要，在北大荒扎根的人越来越少，人去地空，在清朝这里便作为流放犯人的荒芜之地。从气温带来看，北大荒既具有暖温带的气温特点，也具有寒温带的气温

---

① 韩乃寅、逄金明：《北大荒全书（简史卷）》，黑龙江人民出版社 2007 年版，第 169 页。

特点，属于两种气候的交汇之处，处于较高的纬度地区，因此太阳光照射时间较短，寒气基本全年留存，土地的肥力不能得到充分的利用，物产数量有限，粮食种植季节有限。一旦出现暴风雪等自然灾害，作物常常冻死，全年的种植成果前功尽弃。从粮食种植条件来看，险恶的自然条件几乎断绝了北大荒的农业发展希望和经济发展途径。当时北大荒的农作物品种类型有限，常见的物种如玉米、高粱、土豆、小麦等均缺乏，没有足够的留种种植基础，更不必说具有抗寒特性的相关品种。黑龙江地区也已经适应了长期的小农经济模式，人们过着自由散漫的游牧民族生活，靠黑龙江独特的河流和平原以捕鱼和狩猎为生。

从中国社会历史发展的维度来看，中国古代社会和近代社会都尝试了对北大荒进行开荒种植的社会实践活动。翻阅历史书籍，北大荒的开垦历史可以追溯到辽、金甚至秦汉时期。在夏、周之时，肃慎人经常与中原人士往来，他们也是现在满族人的先祖；在战国以后，居住在北大荒的挹娄人，作为臣子服从于秦汉的统治阶级，年年岁岁都会向天朝朝圣，供奉特产，俯首称臣；在唐、五代时，这里建立了一个渤海王国，经历了 200 多年繁荣昌盛后被契丹所灭；善于骑射的女真部落以这里为起点，建立起了金朝。骁勇善战的成吉思汗带领草原的骑兵，马蹄踏过千里沟堑，军队横扫过黑水，致使本就艰难发展的城镇在战火中毁于一旦；在元、明时期，有过少许思想上的开化，进行了一定开发活动，但依旧短暂稀少，屯田形式的开垦仅仅昙花一现。

北大荒居住着不少少数民族，其中以满族为主，还有鄂伦春、蒙古、鄂温克、赫哲等少数民族，他们大多以狩猎和捕鱼为生，农业实践少有。在明末清初时期，北大荒依旧保持着它的原始状态，是一片深远不可测的荒泽。以清朝为分界线，清朝之前的北大荒地区仅仅存在少量人类生活的记录或者遗迹。在清朝时，清政府在封建迷信思想的影响下，认为需要守住祖宗留下的"龙兴之地"，竟然颁布命令废除和停止引入农民进行开垦的政策，颁发了持续近 200 年的封禁北大荒的法令，使原本就人烟稀少的北大荒与中原等地区断绝了联系，这里少数民族发展的空间更狭小，以至于固步于贫困落后中。

高寒的北大荒地区慢慢开始的小规模移民拓荒，是从清政府时期萌芽的。清政府对北大荒的态度分三个时期，分别是招垦时期、封禁时期和开放时期。第一个时期，清政权刚刚建立时，为了化解偏远的边疆地区军队粮食供给不畅的困境，在清朝顺治元年 (1644 年)，开始实施奖励移民北大荒的政策，在黑龙江省大量招募各地游民，进行屯垦活动实践；但在康熙六年 (1667 年)，这个政策就停止了。原因是清政府担忧汉族人对东北实行文化占据。第二个时期，从康熙八年 (1669 年) 到咸丰七年 (1857 年) 在长达 189 年的漫长时间里，实行了封禁移民政策，严禁汉族人流入黑龙江，这就制止了对北大荒的开发。第三个时期，咸丰八年 (1858 年) 以后，清政府推行有组织、有引导的"垦政"，放弃了原本简单的封禁政策，使北大荒地区的开垦进程得到一定程度的推进。在这一时期，清政府首先开放了拉林河流域，接着又放开了呼兰地区。光绪二十三年（1897年）到光绪二十九年六月（1903 年 6 月）东清铁路建成并且实现通车。在这个时期，为了铁路的修筑，清政府从山海关内招募劳工达 6.5 万人，东清铁路建筑工程完成后，修筑铁路的劳工直接转为农民在北大荒耕种，北大荒的人口由此增加不少。光绪三十四年 (1908

年）以后，黑龙江地方政府颁布了《沿边招民垦荒章程》，列举了多条优待移民的办法，吸引各地人民前来开垦。黑龙江巡抚程德全花了 2.25 万两的白银，为北大荒购买火犁等开垦工具，在讷谟尔河的下游处开垦，这是军官办垦殖的起点。

在中国几千年的历史上，历朝历代的王朝都在一定程度上加强了对北大荒的统治，在权力和管理制度上都有创新之点，在皇权的大一统下，保证了各民族的和谐发展。但古代统治者更加看重人民的戍边作用，偏重于维护和扩大皇权，没有什么对北大荒农业优势的认知。因此，在北大荒地区农业的投入上相当有限，农业发展受限。

2. 民国时期北大荒的开发史

民国期间，军阀四处横行，百姓生活苦不堪言，又加上山东、安徽、河北、河南等省份天灾不断，饥荒横行，大规模无家可归、饥肠辘辘的难民从全国各地奔赴东北，以求取生活上的保障。当时正赶上黑龙江地方政府实施移民实边的政策，难民大多数迁入黑龙江省地区。难民的集体加入使黑龙江地区人口突然增长，促进了当地经济与社会的发展。

民国时期的东北行政区划，可大致分为两个阶段。

（1）北洋政府时期（1912—1928 年）

这一时期黑龙江继承前清旧制，仍然实行省、府（直隶州、直隶厅）、县（散州、散厅）三级制。对于那些准备设县而条件尚不成熟的边远新开发地区，内置设治局，作为设县前的一种过渡机构，其性质和分县相同，是北洋政府时期东北行政区划的一个十分重要的构成。

（2）国民政府时期（1929—1931 年）

国民政府从 1928 年末张学良"东北易帜"到 1931 年伪满洲国成立，在黑龙江地区一直实行省、县二级制。这期间，在行政区划中第一次创立了市制，并规定特别市直接属于中央政府；普通市隶于省政府，存有北洋政府时设治局的建制。

在民国期间，军阀、官僚、富绅经常抢掠百姓的土地，对荒地实行垄断，借这个机会从百姓身上敛财，但用来开垦的土地面积非常少，所以并不能发大财。关内百姓为了生活，不得不离开老家，"闯关东"奔向北大荒，于是乌苏里江以西、大小兴安岭以南的土地得到了开发，从内地各省逃荒到东北的百姓有了数量上较快的增长。中日甲午战争之前，东北三省的人口不过数百万，到 1930 年人数突然增长到 3000 余万。民国时，曾专设垦殖局，招揽百姓移居东北，并雇工进行机械开垦。相关数据显示，截止到 1930 年，黑龙江省东部地区开垦荒地约 2900 万亩，西部地区开垦荒地约 7600 万亩，垦荒数量全省共计 10500 万亩。[①]

数百万的关内居民往东北迁移，给北大荒的发展提供了足够多的劳动力。黑龙江省在光绪十三年（1887 年）仅有 25 万人，到 1929 年增加到 370 万人，不到 50 年人数就增加了 13.8 倍。民国政府为方便管理，专门设垦殖局，管理北大荒开垦事宜。20 年间总计开垦荒地 10514 万亩，黑龙江省土地开发的总面积比清朝 200 多年的垦殖面积还要宽广。但民国时期官僚、军阀、富绅等阶级掠夺了老百姓耕种的土地，官官相护，各利益集团获得垄断地位，在北大荒进行圈地，在混乱时局中趁机发财。

---

① 韩乃寅、逄金明：《北大荒全书（简史卷）》，黑龙江人民出版社 2007 年版，第 193 页。

3. 东北沦陷时期北大荒的开发史

东北三省在九一八事变后沦陷，伪满洲国保留了奉天、吉林、黑龙江、热河四省以及东省、兴安两个特别区，到1934年溥仪称伪满洲国皇帝时，改划成14个省2个特别市。在此期间，日军方面在中俄边境人口少、经济不发达的地区设置要塞，主要是为了应对俄国对于边防的威胁，加强边境管理；并且组织多个开荒团到北大荒进行开垦土地，目的是配合他们的军事侵略，让北大荒为日本侵略战争服务。通过抢夺土地、低价从百姓手中"购买"、强行对百姓驱逐等手段，侵占了百姓的土地；有些日军直接从农民手中抢夺粮食。对粮食和原料的需求量随着侵华战争的扩大而不断增加，日伪当局加紧实行扩大粮食掠夺、粮谷出仓的制度，使伪满洲国发挥"亚洲谷仓"的作用。

日本帝国主义为了达到控制中国的目的，配合军事侵略，曾经组织很多开拓团到东北对土地进行垦殖，并向中苏边境地带武装移民，依照之前先例制订了一个20年内移民百万户、500万人的庞大计划，对原著居民进行驱逐，以血腥的武力进行掠夺，占领了大多数土地。根据相关数据，到1945年日本无条件投降，对东北实现移民10万户30万人。开拓团后期为了加紧掠夺原材料，日本连续建立23个机械农场，添加火犁200余台。1939年至1942年间，总计垦荒44万亩。除了让移民垦荒这些侵略措施，日本还直接侵占农民的土地，截至1945年8月，日本侵略者共夺取东北百姓的土地5850万亩。与此同时，日本帝国主义的疯狂入侵和派遣开拓团的移民掠夺，使东北人民开展了轰轰烈烈的抗日运动。东北抗日义勇军和抗日联军进行的游击战争，给了日本侵略者狠狠的一击。处于敌对心理状态下的日本侵略者，即使在投降的前夕，还让士兵烧毁了北大荒的房屋、破坏原本的机器及水利工程结构，造成北大荒更大程度的土地荒芜。[①]

在以上历史时期，不同的统治者对北大荒的开发，多数出于军事、政治的原因，战争被动地增加了北大荒地区的人口数量，使得北大荒地区的农业得到发展，但这样的人口转移以及粮食产量增长都是消极被动的，农民普遍生产积极性不高，原本艰苦的生产和生活条件变得更加艰难，导致当时北大荒的开发程度及水平十分低下。

（三）中国共产党领导下北大荒的屯垦戍边历程

抗战胜利后，国民经济需要从战争破坏中恢复，百姓生活贫困，国家各个方面都亟待建设和发展。在当时，吃饭问题是满足人民生存需要的首要问题。开垦北大荒这片千百年少有人涉足的黑土地是共产党人勇担使命、为人民服务的责任担当。党中央根据东北独特的自然地理环境和人民思想开化程度等因素，做出战略部署。在农业发展方面，北大荒具有相对于全国任何地区都特殊的黑土资源，均衡的河流水域布局、较少的病虫害，极其适合农业发展。党中央下定决心对亘古荒原北大荒进行前所未有的开垦，汇聚全国之力，调动其他地区的力量。各省按照党中央的指示，在抗日战争胜利后开展了轰轰烈烈的土地改革运动，结合东北解放区松江、黑龙江、合江、嫩江 4 省的数据统计，农民总计平分土地 5000 多万亩。黑龙江全省至新中国成立初期仍然有可以开垦的荒地 1 亿余亩，在中、西部的松嫩平原和东部的三江平原蕴藏着发展农业的巨大潜力，这里拥有 1.3 亿亩耕地和亿

---

① 韩乃寅、逄金明：《北大荒全书（简史卷）》，黑龙江人民出版社 2007 年版，第 215 页。

万亩荒地。

早在 1947 年，还在解放战争时期，党中央就已经对东北进行了开垦，调集干部、解放军等作为戍边拓荒开垦的先遣部队进行黑土地的开垦破土。①新中国成立后，全国各行各业、各地各处进入了前所未有的快速发展期，共产党人点燃了人民心中希望的火，依靠人民的力量创造了一个又一个的奇迹，也是在这个历史时期，广大军民在北大荒以热血换垦地，进行着辛勤的耕作。②

1958 年，王震将军亲率 10 万复转官兵挺进北大荒，开启了大规模大范围建设北大荒的伟大壮举。紧接着，在国家整体协调下又调动了 5 万大专院校青年毕业生、20 万来自全国各地的支援北大荒的青年、54 万来自城市的知识青年向北大荒出发，他们致力于在北大荒建设事业中为祖国献力，将青春热血融入北大荒的建设事业。

北大荒的初期生活是非常困难的，他们面临着大自然最原始的考验。人员入驻北大荒首先面临后勤保障问题，修筑北大荒内外连接的道路、安扎居住屋舍、建设大量公共设施，这些北大荒人在事业的铺建过程中，经历了人拉肩扛、搭建马架、睡通铺地铺等大量的修筑道路、建筑房舍、添置生活设施等繁重的劳动。③事业的开辟期往往是创业者最艰辛的时期，他们过着风餐露宿、饥寒交迫的忙碌生活。北大荒有着漫长的冬季，人们出行往往采用爬冰卧雪的方式，居住在室内也时常感到寒风飕飕地刮来，还不够厚实的墙壁时时漏着风。北大荒夏季迅速短暂，降水量比较充足，降水比较集中。但因为地理气候因

① 孙庆海：《十万官兵开发北大荒》，《党史文汇》1994 年第 9 期。
② 当代中国的农垦事业编写组：《当代中国的农垦事业》，当代中国出版社 2009 年版，第 58 页。
③ 金达仁：《难以忘却的北大荒知青岁月》，《中国农垦》2020 年第 7 期。

素，这片土地在夏季容易小咬、蚊子、瞎虻等成群。夏季农忙时，农作工具十分紧张，而北大荒的垄沟很长，一天下来也挖不到头。北大荒人经常是每天在地里工作十七八小时，只有短暂的时间用于睡觉，所以当时说"早晚看不见，地里三顿饭"。到了秋收时节，很容易遭遇绵绵不断的秋雨，即使有收割机也很难进入耕地，只能人工用镰刀进行劳作，在雨水混杂的湿泥地中，努力地割拉麦子，经常是全身的泥水。

王震将军曾经充满感情地对他的老部下黄振荣说："在三五九旅南泥湾大生产中，你我就注定了为中国农垦事业去奋斗、去献身，我将来死了，也不埋在北京，我要埋在八五四的迎春镇……"黄振荣是二等乙级伤残军人，是为北大荒的拓荒事业冻掉九个脚指甲的铁道兵三师师长。一个个像黄振荣这样的先锋战士，担起了北大荒事业的重任，成为北大荒的脊梁人物，用实实在在的青春和汗水，甚至是生命，浇灌出北大荒的果实。他们中有革命老红军、抗日战斗英雄、参加过解放战争的官兵、参加过抗美援朝的战士、有如早上八九点钟的太阳的知识青年。撼动北大荒的不是庞大的人数，而是对中国人民、对东北这片土地、对北大荒的深深情怀。他们将青春和热血奉献给了北大荒，北大荒的名字里包含着他们的名字，北大荒的水流是他们的鲜血和汗水，是他们不怕牺牲和艰苦创业的精神在北大荒开花结果，塑造了北大荒精神。北大荒精神是一座丰碑，将永远镌刻在中国共产党人精神谱系之中，铭记在中国人民的心中。

1966 年，党中央针对国内外形势，未雨绸缪地进行北大荒开发建设的部署工作，在着眼全国农业生产大格局的视域下，组建了黑龙江生产建设兵团。1966 年 3 月，中国人民解放军沈阳军区所在的部队中 10769 名复转官兵被分配到黑龙江边境，既驻守边疆也耕地生产，到 29 个涉及农业、牧业、渔业的农（牧）场插队，并且成立了两个师，黑龙江生产建设兵团农建第一师和第二师，管辖团 9 个、营 24 个和生产队 94 个。1968 年 6 月 18 日，中共中央、国务院、中央军委、中央文革联合发出《关于建立沈阳军区黑龙江生产建设兵团的批示》（中发〔1968〕98 号）："同意黑龙江省革命委员会、黑龙江省军区关于筹建沈阳军区黑龙江生产建设兵团情况的报告。"1968 年 7 月 1 日，中国人民解放军沈阳军区建立黑龙江生产建设兵团。

建设兵团的作用有以下几个方面：开屯垦地戍守边疆，反对帝国主义反对修正主义，保家卫国，加速祖国边疆建设。生产建设兵团是非常进步的一种生产方式，其中包括特殊的管理体制和人员组织模式。东北农垦总局全部农场和省级别的农垦厅所属大部分农场、黑河农建一师、合江农建二师合编为中国人民解放军沈阳军区黑龙江生产建设兵团。在组织结构的建制上，以部队的建制为基础，如同军队一般，实行军事化的管理。兵团的主要领导主要负责人基本上都由服役军人担任。1973 年，国务院和中央军委指示省委统一领导黑龙江生产建设兵团。但是，"改变兵团的领导关系，并不意味着兵团性质、任务和体制的改变"。1976 年 2 月，追随"压缩部队员额，调整编制体制"的精神，兵团的历史结束，兵团与黑龙江省国营的农场共同发展，并且组建了黑龙江省国营农场总局。[1]

▶ 1974 年 1 月，黑龙江生产建设兵团 21 团 1 营 2 连
的知识青年顶着折白毛风向水利工地进发

在艰难困苦的时期，一代人面对恶劣的自然环境，奇迹般建立了
北大仓。在深刻认识到北大荒地区开发难度的情况下，党中央从北大
荒的实际情况出发，发起了建设北大荒的运动，建设了世界性的中国
大粮仓，握稳了中国人自己的饭碗。从 1947 年进入北大荒到现在 70
余年的发展中，以复转军人和支援边疆建设热血青年为主的第一代北
大荒开拓者，以生活在城市中的知识青年和知识分子为主的北大荒第
二代开拓者，以复转军人和支援边疆青年的子女为主的北大荒人第三
代开拓者，他们共同推进着北大荒的开发建设。一代又一代北大荒人
在北大荒这片美丽的土地上投入自己的生命，北大荒的事业也因此绽

---

① 丁媛：《北大荒知青生活全景式再现——长篇小说〈融雪〉作品研讨会综述》，《文艺评
论》2019 年第 6 期。

放出美丽的花朵。经过三代人戍边拓荒，北大荒现在已经建立了113个大型农牧场，成立了2000多个企业，拥有3560万亩耕地，177.8万人，分布在12个市74个县总面积5.76万平方公里的土地上。如今的"北大荒"一词，是黑龙江垦区戍边拓荒的特定代名词，北大荒已经成为国家粮食安全的重要支柱。北大荒变为北大仓，万古荒原变为美丽富饶的粮仓，从粮食供给不足到供给全国，从人工播种到全机械化生产，北大荒发生了翻天覆地的变化，这是北大荒人用屯垦戍边的忠诚实践来叙述对祖国和人民的大爱。

▶ 20世纪六七十年代，37团领导班子勘察荒原，一个新的连队在这里诞生

北大荒的历史意义是巨大的，即使百年、千年过去，北大荒的历史壮举依旧会被提起。北大荒为中国农业事业的发展立下"擎天柱"，不仅满足了中国粮食的需求，也使中国在世界粮食市场上占有

重要地位。北大荒精神更是久久传承在人民心中，随着时代的发展而不断展现新的内涵和外延。

▶ 1972 年 10 月，战士们抢收大豆

第二节　北大荒的奋斗发展

　　1947 年，按照党中央关于"建立巩固的东北根据地"的重要指示，中央军委抽调了一批人民解放军进入北大荒的腹地。中共中央东北局的财经委员会曾经开过一次会议，会议主持人陈云和李富春指出："东北行政委员会及各省都要在国民党难以插足的地方，试办公营农场，进行机械化农业生产试验，以迎接解放后的农村建设。"数万名复转军人、青年知识分子和老一辈革命干部，积极响应党中央的号召，胸

中充满着"保卫边疆、建设边疆"的情怀，开进了北大荒，奋斗发展。①

　　这些开发建设者吃尽苦难，爬冰卧雪，手挖排干沼泽，一锄一耙地开垦疆土。冬季白雪茫茫的大荒原，荆棘在北大荒丛生，塔头甸子和沼泽遍布，当时的人们每刨一镐头，泥水都会飞溅到身上。开垦的地方没有固定的伙房，只能露天打灶生火；附近无水井时，就直接用泡子水来烧饭洗菜；伙食经常就是挖野菜吃。北大荒人经常是身处荒泽之中，只能边走边吃，站着吃饭。当北大荒人出征归来时，裸露在外的皮肤常常被蚊虫咬得肿成包。②第一批复转军人从激烈的战场走下来，转向万古荒原的北大荒奋斗发展，首次在此建立了国家经营的机械化种植农场，建立起全中国最大的国营农场群，播下了北大荒开垦的星星之火，拉开了北大荒人火热开拓、奋斗发展的序幕。

　　新中国成立前后，也就是在1947年至1949年，来自延安和其他革命老区的干部，带领着众多的拓荒者，在高寒冻土的北大荒，利用日寇遗留的一座碉堡废墟挂起了通北农场的第一块牌子。在这三年中，还成立了花园、宁安、永安、赵光、通北、查哈阳等农场。北大荒的开拓事业也安置了在东北的解放战争中许多伤残的荣誉军人，人员的填充促使黑龙江省办起了伊拉哈荣军农场和伏尔基河荣军农场。通过搜集抗战中残留下的破损拖拉机等农具，成立了一支"万国牌"的机械垦荒队，有福特、卡特比诺、法尔毛、小松等的品牌，之后又进口了12台苏联的纳尔齐牌拖拉机。③从此，开荒运动全面开展，为北大荒以后的大规模机械化农业摸索出了宝贵的开拓经验。

---

① 孙庆海：《十万官兵开发北大荒》，《党史文汇》1994年第9期。
② 钟通坚：《老照片里的北大荒下乡知青故事》，《山西老年》2018年第7期。
③ 余永锦：《北大荒的上海知青》，《报刊荟萃》2013年第10期。

在这一时期，在北大荒屯垦戍边、奋斗发展的开发建设者，首批主力就是王震将军领导的铁道兵部队，将铁道兵转为扎根北大荒的朴实农民。这些官兵有来自齐鲁大地的6万名支边青年，有同样来自东北的沈阳军区的数万名复转军人，还有3000名现役军人。王震将军曾向中共中央和中央军委打了《关于开发北大荒的报告》，并且在1954年就亲自领导了7个师、2万余人的铁道兵，作为先遣部队挺进了北大荒，成立了12个农场；在1958年，北大荒已经成立了54个农场。王震将军说，我国的农垦事业一开始就是开拓创新的事业，创业者披荆斩棘，按照国家需要，在白纸上画出最新、最美的图画。现在，新疆可以生长长绒棉，海南岛可以种植橡胶树，黑龙江的沼泽地里可以生长小麦、大豆，已经成为人们的常识，但在（20世纪）50年代，这却是前无古人的，是一种新的开拓，需要勇气、需要毅力。①农垦的开拓精神，不仅表现在生产力的发展上，还表现在经营管理方式的创新上。国营农场建立之初，组织形式在当时别具一格，不仅从事农业生产，而且发展农工商的综合经营，搞工业、商业、运输业、建筑业，形成了我国农垦企业发展的新特点。当前，我国农垦事业面临着改革的艰巨任务，更需要发扬农垦创业者勇于开拓的精神。

王震将军在1955年8月向党中央提出对铁道兵的工作职能进行转换，提出了"寓兵于农，屯垦戍边"的战略设想，认为可依靠铁道兵的作战能力，创办综合性的向机械化方向发展的农牧企业，主要范围是在虎林、密山、饶河三县境内。按照这一思路，1955年，在北大荒的虎林和密山上选址开辟农场，中国第一个铁道兵军垦农场八五〇农

---

① 许人俊：《王震建议开垦北大荒》，《党史博览》2011年第3期。

场出现了。在 1958 年前后，根据党中央、国务院和中央军委的整体战略，前前后后有 14 万名复转军人、10 万名青年知识分子和 20 万名来自长江南北、南海之滨的支援边疆建设的青年，陆续来到这里，开展了大区域大面积的开发建设。到 1958 年，北大荒已经进入各农场协同发展的时期，北大荒人在宝清、虎林、密山、饶河 4 个县进行开发，在茫茫的千里荒泽上，开启北大荒新的建设。①经过超过半个世纪的开拓创新，北大荒拥有了最大规模的国有农场群，谱写了北大荒事业壮丽的篇章。

1958 年 1 月 24 日，党中央、中央军委发布了《关于动员十万转业官兵参加生产建设》的文件，指示动员转业官兵开发建设北大荒，积极屯垦戍守边疆，奋斗发展。全军人员热烈支持，积极响应，很多战士表明自己扎根北大荒的决心，积极向党组织递交申请，最后动员 8.15 万余人，加上跟随军队的家属等总共约 10 万人。这些人员中，有 6 万连级别、排级别干部，1.2 万营级别以上的干部，以及各种有正式建制的军队部队学校的人员，还有来自原志愿军 21 军、哈军工、空 11 师、解放军三总部、军事通信学校、南海舰队、高级步校、军医大学、济南军区、第二航空预校等的复转官兵。②其中，北大荒的先遣部队主要是解放军三总部的复转官兵，这些支援边疆建设的官兵奔赴北大荒，发出了"向地球开战"的呼喊。

---

① 钱朱建：《重返北大荒，知青再创业》，《北大荒日报》2012 年 12 月 24 日。
② 孙庆海：《十万官兵开发北大荒》，《党史文汇》1994 年第 9 期。

▶一批转业官兵向荒原进军

北大荒建设的重要命脉之一是通路，道路的通达性能够保证屯垦事业的前途。没有路，一切生产物资都运输不上去，油料、种子、机械只能等运送，物资上不去人也没法生存。实现大面积、大规模生产的首要任务就是修路，修山路、搭铁路。北大荒建设中，关于筑路最经典的一场会战就是"打通密虎线"。日本在华建立伪满洲国时，关东军曾在虎林屯兵抓丁，修筑了密山到虎林的火车路线，后来苏军拆了原铺设好的铁轨，炸了桥梁，路基在几十年的风霜雪雨下也冲毁了。1957年，王震将军作出"打通密虎线，向荒原腹地修铁路"的决策，担负在虎林、密山、饶河、宝清四个地区开垦军式农场的重任。①同年秋，由先前敢闯敢冲的铁道兵转业官兵率先动土。

1958年，远道而来的战士们直接放下行李奔赴铁路建设工地，铁路的沿线，人员忙碌，石块开采、枕木制作、路基搭建、铁轨抢运，

①　许人俊：《王震建议开垦北大荒》，《党史博览》2011年第3期。

战士们顶着严寒，勤勤恳恳，打木桩、修架桥，不用一年就实现了密虎线路通火车。工程结束后，修路的战士们没有停歇，继续一路向北。[①] 用时一年，又在草原沼泽上实现了虎迎（春）火车线通车。随着经验增长，战士们总共完成了90多万立方米土方、30多万立方米石方，以及上百座桥梁的搭建，将7万根枕木铺设在铁轨上，铺建长达7万多米的钢轨，修通全长195公里的密山到东方红的铁路路线。[②]

1958年8月29日，党中央作出了《关于动员青年前往边疆和少数民族地区参加社会主义建设的决定》，指出"劳动力不足是加速边疆和少数民族地区的社会主义建设的重大困难……到1963年五年内，从内地动员570万青年到这些地区参加社会主义的开发和建设工作……"从1958年6月开始，仅山东省前前后后就有5.5万多名前往北大荒支援建设的青年和移民，他们高高举起鲜红的开垦戍疆的旗帜，为北大荒注入了新鲜血液，成为北大荒工人队伍中的一支不可或缺的力量。当时全国有数十万名知识青年积极响应国家的号召，秉持砖块精神，像洪水一般涌入北大荒，满怀着建设祖国的情感，带着对北大荒美好的憧憬，经历了战天斗地的生活，在北大荒这片广阔天地上磨炼身心，把最美好的青春年华奉献给了北大荒。

从北大荒第一代创业者的劳动实践来看，知识青年队伍是饱含阳光、积极奋斗发展的一支队伍，也是北大荒建设过程中人数最多、不固定性最大、文化水平最高的一支队伍。他们十八九岁的年龄，远离父母，离开熟悉的家乡，坐上开往可能几千公里外的北大荒的列车，这个选择必然让他们经历风雨，同时也拓宽了视野，开启他

---

① 钟通坚：《老照片里的北大荒下乡知青故事》，《山西老年》2018年第7期。
② 许人俊：《王震建议开垦北大荒》，《党史博览》2011年第3期。

们崭新的人生。他们要坐颠簸的长途汽车到达火车站，乘上知识青年专列的绿皮列车。这趟列车，将会跨过祖国中段的长江、中原地区的黄河，出了山海关便到了林海雪原的关外，一直开向北大荒的腹地。专列从南往北经过东北三省的省会，沈阳、长春、哈尔滨三地，历时上百小时，最终随着火车前行，这群知识青年长久地在北大荒扎下根。

当时的北大荒，即使在早春二月，依旧寒冷，但春耕时节是北大荒的关键时刻，知识青年们和官兵们要进行大会战。水整地是大会战中的重点内容，将水田整平的速度与水稻产量直接相关。知识青年们搭配一般是两两组合，一人负责驾驭耕田的牲畜，另一人负责劳动工具与田地的紧密接触，将水田的泥巴整弄平齐，这个工作也可以将泥巴打散，有利于植物扎根。整田前还需要提前将粪肥均匀地撒入水田，配制好营养土壤，再由女同志牵拉小车进行播种。当时的生产条件下，大多采用人力直（条）播水稻种植技术，直条之间的间距一般是 0.35 米，车子过去可以播种 4 条线。在当时，很多七八十斤重的全木制播种车都由女同志负责拉，深的时候半拉身子都在泥地里，浅的时候也冰凉彻骨。这个时候，男同志也需要参与水整地，并且还要负责将稻种从农场运输到各地。①知识青年们忙碌了一整天，大多体力耗尽，身体酸痛。但是，一到第二天，大家的力气又回来了，开启新一天的工作。

到了北大荒的秋季，丰收的稻田让人们心旷神怡，知识青年们采用一字排的架势收割水稻，收割的速度就像在跑道上赛跑一样。

---

① 丁媛：《北大荒知青生活全景式再现——长篇小说〈融雪〉作品研讨会综述》，《文艺评论》2019 年第 6 期。

还未到冬季，北大荒的绿色早已不见了，知识青年们主要忙碌着秋收下来的稻子的脱粒，经常是全天工作，大家轮班倒。这样不停歇的工作似乎是在向寒冷的天气挑战……到了春天耕种的时间，在水田里，他们大力赶着牛按压着刮泥板犁地，肩拉着播种小车；到了夏天收获时，知识青年们就在旱地里锄草收小麦；到了秋天收获时，知识青年们主要是收割水稻、大豆等作物；到了冬天高寒时，知识青年们冒着零下 30 多摄氏度的严寒忙着农产，这个季节需要人配合牲畜和机器合力给水稻和大豆脱粒等。[①]他们感受着四季变化的北大荒，发挥着无限潜力。

▶ 1971 年麦收季节，战士们抢收遭涝的小麦

1968 年 6 月 18 日，中国人民解放军沈阳军区将"屯垦戍边"作为主线任务，成立黑龙江生产建设兵团，编成 5 个师，辖 58 个团（后

① 丁履枢：《"北大荒"开垦史》，《炎黄春秋》2003 年第 4 期。

扩大发展到 6 个师），人员主要来自原部分省属农场和东北农垦总局所属农场，有 3 万多名城市知识青年转变为北大荒的"兵团战士"。1968 年，毛泽东同志发出"知识青年到农村去，接受贫下中农再教育"的号令，数十万名知识青年从北京、天津、上海、哈尔滨、牡丹江等各大城市来到了生产兵团，同之前的转业官兵相结合，合成北大荒开发建设的三大主力，给兵团增加了一大批青春洋溢的生力军。①如果说十万官兵是北大荒的创业人，那么知识青年则是北大荒事业的接班人、继承人，亲手接过老一辈打下的万担粮仓，继往开来，用炽热和青春甚至生命，接下了这片承担着重要历史使命的广袤土地。

　　当时，偏远落后没有使生活单调，只要有想法、有激情、有热爱，北大荒人就能在这里营造出美好的世界，可能生活艰苦，但是精神上是充实的。在放假的时候，在日常茶余饭后，知识青年用各种简单的"小乐器"吹、拉、弹、唱，抒发自己的情感；他们也会球场竞赛，会在小小的桌面进行棋台对阵；他们在寒冷的雪地里述说自己的理想和热血；大会战前，利用集体食堂制作大餐；有些业余爱好者将自己的才艺展现给各个生产队；电影放映队跋山涉水，把欢乐带到各个角落；北大荒各处都设有广播站，让大家知晓天下大事，营造积极向上的氛围。知识青年们更愿意带回城里的奶糖、糕点，带走北大荒的豆油、白面、白酒。②北大荒的精神、东北地区的文化、黑龙江地区的情调，在广大官兵和知识青年的奋斗发展中，迅速地融合和发展。

---

① 丁履枢：《"北大荒"开垦史》，《炎黄春秋》2003 年第 4 期。
② 丁媛：《北大荒知青生活全景式再现——长篇小说〈融雪〉作品研讨会综述》，《文艺评论》2019 年第 6 期。

▶ 20世纪六七十年代，炊事班的女知识青年到田间给拖拉机手送饭送茶

知识青年来到北大荒奋斗发展，是为了增强实践才干，是为了祖国人民。新中国的成立对于20世纪的人们来说，是心门的钟声，并且不断叩击着心中的国家情怀，人民随着中国站起来而站起来了，要行使自己的权利，知识青年也一样。这个时候，每个人都想投身祖国的建设，大家深知新中国百废待兴，各行各业都缺乏人力物力财力，大家秉持着有什么力献什么力的心态努力学习工作，在北大荒的事业中发光发热，锻炼本领，服务群众，成为一个真正意义上的北大荒人，逐渐将自己的发展同国家、民族的发展结合起来，同工农群众打成一片。自力更生、艰苦创业、勇于开拓、甘于奉献的北大荒精神对他们的一生产生了非凡的影响。

▶ 20世纪60年代，北大荒知识青年垦荒戍边的劳作场面

　　知识青年来到北大荒奋斗发展，做的是与复转官兵一样的工作，很多知识青年甚至在黑土地上奉献了自己的生命。北大荒的闪亮来自他们人生的闪亮。根据可查的历史记载，有上千名知识青年在北大荒的开垦事业中献出了生命，长眠守望着北大荒这颗明星。经历过北大荒磨炼的人，在返程后有了很大的改变，他们将北大荒精神传递到祖国其他地方，他们的身影出现在祖国的各个行业，有的成为文艺家，有的成为老师，有的成为外交官，等等。①可以说，北大荒精神充实了他们，北大荒成就了他们。

　　知识青年抱着对党、对祖国的热爱，在北大荒这个地方磨炼身心，修炼品行，接触和学习革命老前辈。他们将自己融入北大荒的事业，像早就居住在这里的职工一样努力地生活和工作，用自己的双手在北大荒这片天地里画出最美丽的图画。对党的信仰，使他们能够不断克服困难，保持战斗的姿态，甘愿奉献一生。

---

① 钟遇坚：《老照片里的北大荒下乡知青故事》，《山西老年》2018年第7期。

▶ 1975年，北大荒三连场院班职工在学习社论

　　在山上下乡的充实生活中，知识青年对北大荒产生了深深的热爱之情，北大荒成为每一个知识青年都无法忘记的回忆，见证过北大荒变化的人，心中都如同烙印一般牢牢记住了北大荒这个地方。北大荒也镌刻在了新中国发展的历史丰碑上，和太阳一样永远发光。北大荒就是知识青年的第二故乡，这里留下了他们当年成长的足迹，留下了青年时期最淳朴真挚的情感。只要北大荒有呼唤，就会激荡起千千万万个知识青年的心。到现在为止，还有几万人坚守在北大荒建设的场地上，默默地在北大荒越扎越深，奋斗发展在建设祖国的农业生产一线上。

▶ 20世纪70年代，农技人员在八五三农场早期的大豆田里研究高产方法

　　此后，我国156项由苏联援建的重点工程陆续上马，大庆油田上马，富拉尔基重型机械厂上马，纷纷向"干部蓄水池"北大荒请求人才支援，北大荒人有求必应，胸怀全国建设大局，在各个农场调取近万人。黑龙江省委需要一批县级市和地级市的领导型人才和文体宣传等人才，北大荒人坚持选择优秀人才选送。内蒙古、甘肃几个刚成立的大工厂、矿山需要人，北大荒组织成套系统班子的干部分别前去应急建设。林业部扩大林场、铁道部建筑新线路……都缺乏有实战经验的干部，北大荒人都给予了满意的反馈。即使是在三年困难时期，北大荒人共同商议把口粮降低，每月仅仅7.25公斤粮食，家属仅配置5.5公斤粮食，大家即使吃树皮、豆秸、黑土……也要让出最好的粮食供应全国各地。

时至今日，北大荒的火热岁月还燃烧在人们的心中，那些曾建设北大荒的人想起北大荒心绪依旧荡漾。北大荒精神永久流传，它存在于今天，也存在于明天。一位北大荒人回忆道："1958年，我随十万转业官兵开发建设北大荒，在这五十年风风雨雨的艰苦历程中，经过的往事至今还记忆犹新，历历在目。尤其是我有幸见到王震将军和我们一起修云山水库，这是我一生中颇难忘的一段历史，值得我很好地回忆。"

"我是广州军区空军后勤部机关的干部，响应党的号召，开发北大荒，向地球开战而自愿报名转业来北大荒的，当时广州市的3月，是春暖花开的季节了，从广州市出发来北大荒时是穿衬衫上火车的，经过五天的长途行程，4月3日到了密山县，下火车就变成了另一个天地，这里天寒地冻，寒气逼人，我们只好穿上军大衣，当时在密山县城里，到处都有从部队转业来的官兵，县城里的学校全部挤满了人，每天到招待所吃饭都排成长队，真是人山人海十分忙碌，住了两天后，我们从广州空军后勤部来的37人，被分配到八五三农场，安排到云山水库。"

"4月6日早上，我们从密山坐汽车往云山水库出发，当时道路交通条件差，加上路上的雪还没有融化完，汽车一路打滑陷车，从密山到云山水库不到百里路，走到下午，还是用履带式拖拉机拉到水库工地的。我们下车后就住进了早已搭好的马架子棚里，大通铺，37人都在一间大棚里住，以箱为界，夜里也没灯，都抹黑睡觉，到了工地后先做施工前的准备工作，每天大家带着斧头去砍柴火，供食堂做饭烧柴用，经过一段时间休整，一切准备就绪。5月1日上午，在阵阵喜庆的鞭炮声中，王震将军来到工地，工地上千余名战士一片欢腾，王震将军在热烈的掌声中走上讲台，发表热情洋溢的讲话，并拿起铁锹挖土奠基，拉开了修建水库的庆典序幕，修建云山水库的工程全面展开。"[①]

北大荒建设的第一个"拦路虎"是修建云山水库，在北大荒人的艰苦奋斗下，原定两年完成的云山水库任务，只用了 6 个月。广大转业官兵在云山水库的建设过程中以积极昂扬的心态克服了种种困难，不喊苦，不喊累，不怕流血，不怕牺牲，仅在极为少量机械的辅助下，最终用时 194 天，在 1958 年 11 月 12 日顺利结束了建设工程。密山，位于黑龙江省，它是北大荒开垦事业的大本营。北大荒的建设促使这个不达千户的北方小城镇一下子火热了起来，奔赴而来的有十万转业官兵。当时在密山到处都是转业军官，人们亲切称呼它为"尉官世界"。以预备 6 师的部队成员构成为例，就有 1576 人以上为排级干部，其中有 50 人为师级和团级干部，有 544 人为营级和连级干部，有 4 人是老一辈的红军，252 人在抗日战争时就入伍了。

在云山水库的修建过程中，北大荒人经历了多番考验，生活考验是转业官兵们到达北大荒的首个考验。早上 5 点钟人们就已经在工地上劳动了。劳动和生活的条件很差，以前在部队里吃的是白面、大米、蔬菜等，在北大荒转业官兵们主要吃干萝卜咸菜和大碴子饭，全天摄入的油水相当少。但转业官兵们提前做好了思想准备，在丰富的精神世界里他们并不觉得苦。他们的亲属也参与了兴修水库。为了保证建设事业的正常运行，转业官兵们自己垒起小草棚子，为事业做好后勤保障。简单的干草和木材就成了一个人居住的小屋。

早春时节，北大荒的天气还是寒风刺骨。新农场的选址大多在距离根据地较远的荒原，生产队也跟随着新农场的开辟过去，许多转业

---

① 丁媛：《北大荒知青生活全景式再现——长篇小说〈融雪〉作品研讨会综述》，《文艺评论》2019 年第 6 期。

干部在各个方面向王震将军学习。比如，当部队到达之前设定的地点时，干部们就会学着王震将军的样子挥手把一个物件一丢，然后朝着战士们大声说，这就是我们的家了啊，这句话顿时使长途奔波而来的战士们兴奋起来，忙前忙后，紧锣密鼓地劳动起来，有的开始清除杂草和石块，有的开始搭建休息的草棚，有的赶紧考察土地。一时之间，在北大荒这片荒漠上多了千千万万间草棚。草棚的搭建很简单，主要材料就是草绳、树干，几个战士两三下就搭建好一个木制坯底，架上横梁，盖上草毯，就是战士们的"避风港"了。搭建好后，战士们有序地归置好行囊，就马上紧张地劳作了。关于草棚还有些小趣事，曾经有个小草棚住进了 26 个人，其中还有女同志 2 名，却仅约 15 平方米；也有住了 250 人的特大草棚。①

北大荒建设的第二个大难关是坝上抬土。在实际劳动中，一筐里有 100 多斤土，战士们一开始抬，肩膀就红肿不消，酸痛难忍。那些来自城市从来没有干过农活的知识青年，身体一下子就受不了了。还有一些随军的女家属，掉着眼泪也在扛。人们的决心很大，坚决要克服各种艰难险阻。经过一段时间的磨炼，基本上人人都成为劳动干将，不仅男的卖力，女的也在北大荒的建设事业中撑起一片天，崇高的情感让人们忽视了身体的疲劳。建设过程中，也会营造"比学赶帮超"的劳动氛围，让大家在较长的劳动时间里依旧充满激情。通过劳动竞赛和表彰的方式，战士们从平均每日完成五六立方米达到了人均 10 立方米以上。

王震将军在夏季来到云山水库建设场地时，对转业官兵们说要再

---

① 刘济民：《永远的丰碑——纪念十万复转官兵开发建设北大荒 50 周年》，《北大荒文学》2008 年第 6 期。

接再厉，大干 100 天。王震将军虽然已经 56 岁了，但他依旧坚持来东工区四中队的建设场地，转眼就和转业官兵一起上坝抬土了。那情景真叫人动容。工地上战士们情绪高涨，由东工区到西工区的 3000 米距离上人们一片欢呼，好像重现了淮海战役冲向敌人发起总攻的场景。几百名战士高兴地跑到坝上抬土的盛大场面，非常带动大家的情绪，激起了全体战士的拼搏热情，随着工效日益提高，劳动竞赛的激情再次被掀起。到晚上 9 点左右大家才开始收拾工具吃晚饭，要是夜晚月亮足够亮，要干到 12 点才罢。开工后不久，一台发电机配置到位，工人们利用电灯照明不分昼夜两班倒着干，其中一班从凌晨干到中午 12 点后换班。建设后期是冬季，这让难度更是提升了一个档次。土地变为冻土，铁锹没法用，只能使用镐头刨。到了更冷的严冬，笼筐也不好使了，只能以肩扛的方式运输。①

　　1958 年 11 月，经过北大荒人艰苦卓绝的奋斗，云山水库正式建设完成。工作量达 63.3 万立方米土方量，685 立方米砌石，568 立方米混凝土，建成 9.8 米高的坝、8 米宽的顶，水库全长达 3000 米，正式运行后水库能储存 4750 立方米水。紧接着，北大荒人又打通了密山和虎林之间的路线，赢得了伐木会战。"献了青春献终身，献了终身献子孙"，这是北大荒千千万万战士的钢铁誓言，每个字北大荒人都体现得淋漓尽致。在北大荒的天险下，战士们没有说过放弃，咬牙坚持到最后。

　　在奋斗发展之初，北大荒自然环境极其恶劣、艰苦，荒泽深处似乎没有生的气息，面对茫茫荒野，人们缺乏方向感，还需时刻警惕不知名的毒虫或者突然出没的吃人野兽。有因为在风雪迷眼的情况下，为了拓

---

① 许人俊：《王震建议开垦北大荒》，《党史博览》2011 年第 3 期。

荒失踪的战士；有睡觉时把腿伸在草棚外，不小心被黑熊狠咬的大个子尉官；还有一位叫明华的指导员，为了给女同志打掩护，在同黑熊打斗中碎了头，英勇牺牲。[1] 在水草较多的地方，经常有成群的野狼或黑熊绕着草棚嗥叫或者拍打，这些地方蚊虫也特别多、特别密集，黑压压的，战友们身体各处都被叮得红肿，疼痒难忍。战士们住的草棚经常是在沼泽地带，小小草棚挤下多人，因此，很多战士都有痔疮和风湿病。在搬迁时，往往要奔赴几百里，战士们就背着厚重的吃饭家伙到处走。北大荒的创业建设是感天动地的，一批批的爱国者充满对祖国和人民的热爱，在茫茫雪原中，在荒无人烟的沼泽中，开荒生产，建立一个又一个为国家献粮的农场。

北大荒建设开始不久，解放军总部的文艺慰问团来进行慰问。当慰问团身着整洁的军装到达时，看见耕种的战士们衣服褴褛，但精神饱满不停歇工作的场景时，都深感震撼。他们汇报的文稿上写着："八五二农场六分场三队种水稻，每人平均一垧地。田间泥泞过膝，机车下不去，马牛又不行，转业军官20—24人拉犁，稻田里有草，每犁下去就有一千公斤重。田里有水，晨结薄冰，大多数人又没有雨鞋，就穿一般鞋袜在冰水里拉犁。这样，在泥水里苦干月余才完成任务。""八五三农场四分场一队有一名伤残军人，一只手残疾，他用另一只手干活……已经住院的40多个病号，自动报名参加苦战……"[2] 以上实录，就是北大荒战士们创立的"自力更生、艰苦创业、勇于开拓、甘于奉献"的北大荒精神的生动描述。

---

① 金达仁：《难以忘却的北大荒知青岁月》，《中国农垦》2020年第7期。
② 刘济民：《永远的丰碑——纪念十万复转官兵开发建设北大荒50周年》，《北大荒文学》2008年第6期。

▶ 20 世纪六七十年代，团演出队下连为战士们演出

北大荒奋斗发展的过程是豪迈的，如今，北大荒已成为北大仓。国有农场规模大，农业生产的机械化程度高，北大荒建设事业的版图辉煌壮丽。当年开拓者奋斗发展而付出的努力，为子孙后代造就了一座纪念碑，在他们投身北大荒奋斗发展的实践过程中，孕育了北大荒精神，北大荒精神代代相传，历久弥新。如今，科技飞速发展，当年北大荒人以纯人力搭建的农场成为全机械化的大型现代农场，成为中国商品粮生产的重要保障。现代化农业中生产力的发展，同样伴随着精神文化的提升、人们思想观念的改变。北大荒精神依旧鼓舞着后人，等待着他们继续开辟创新。

▶ 20世纪六七十年代，战士们踏着冰冷的泥水收大豆

第三节　北大荒精神的铸就

　　习近平总书记指出，重视历史、研究历史、借鉴历史，可以给人类带来很多了解昨天、把握今天、开创明天的智慧。伟大的实践历程诞生有生命力的精神文化。北大荒人不是由本地人口自然构成的，也不是一个民族或者一个地域人口的简单转移居住地。在北大荒发展史上，来自祖国各地的热血战士和青年，兢兢业业，不辞艰辛，前赴后继地在这片古老的土地上不断奋斗，最终取得了辉煌成就。东北地区特定的自然地理和人文环境造就了自力更生、艰苦创业、勇于开拓、甘于奉献的北大荒精神。在艰苦的环境下，人们会聚在同一面拓荒的

旗帜下，他们高喊的是继承人民军队光荣传统的口号，高扬创业与奉献旗帜的北大荒精神。

　　长时间以来，垦区人民不仅重视在建设黑龙江垦区、丰富发展北大荒精神上的实践，还在理论上保持不渝的热情，主要表现在对北大荒精神理论的探索研究和总结从来没有停止过。北大荒精神理论体系相对完备，内容十分丰厚。对北大荒精神形成过程的深入探索，对于数十年来北大荒经济社会发展辉煌成就的全面总结，对于经济社会发展内在规律尤其是精神动力规律的深入挖掘，具有极其重大的意义。

（一）从探索到准备

　　1947 年，新中国诞生前夕，正值内战，战火纷飞，百姓极其困苦，再加上战乱导致前线告急，粮食和其他补给品成为急需品。为积极响应毛泽东同志发出的"建立巩固的东北根据地"的号召，黑龙江地区迎来了人民解放军的大批部队。当时还没有被开发的北大荒，十分不适宜人居住，经常有野兽出没，解放军战士在这样荒凉的草原上，怀着希望开垦土地，个个带着在部队培养起来的艰苦开创精神，开始了北大荒的漫漫开垦道路，为祖国前线提供物资。垦区各级党组织经常以精神力量鼓舞大家，王震将军身体力行，在这片土地上不只播下了粮食的种子，更是播下了精神力量的种子，长征精神、延安精神，尤其是南泥湾精神都被播撒到这片充满希望的黑土地上。北大荒精神最初提出时，并没有清晰地表明什么意思，对具体的意义表述得并不清楚，但是，转业官兵已成为艰苦创业、甘于奉献的代名词，他们自己所代表的这种精神成为他们开垦荒地的精神力量，至于这种精神的来源，其中之一便是对革命精神的继承。

1985 年 8 月 26 日，王震将军在一次会议上说，他因年老体衰即将退休，但是在离开岗位之前，他舍不得离开这片土地，想再看看这片土地，看看新一代的北大荒人。他又说："北大荒人是一代英雄，开发北大荒的难度是世间少有的，三十多年开出二百万公顷土地这速度也是世界上罕见的。中国荒地还有两大块，一块在新疆，一块在三江平原……除了需要大量机械外，更重要的还要艰苦奋斗的北大荒人的精神。"这种把"艰苦创业"作为核心和开启点的精神力量，奠定了北大荒精神的基础。在后面开垦土地和北大荒的发展中，一直将艰苦创业的传统发扬，把这一精神作为理论基础进行建设。①

1981 年 1 月 24 日，垦区针对思想政治工作的调整，对垦区的大好形势进行巩固发展时提出：要宣传、恢复和发扬延安精神，解放初期的精神，60 年代初期克服困难的精神和国营农场建场初期的艰苦创业精神；我们的党员、干部应当树立这样的志向，带头安心边疆，安心农垦事业，以大局为重，在加速垦区现代化建设中做出贡献。这充分体现了精神力量的重要性，以及垦区领导对思想工作的重视程度，同时也体现了精神力量的积极影响。

1985 年在国营农场工作会议上，垦区对于发扬好的精神传统提出："我们垦区在 30 多年的开发、建设过程中，形成了具有自己特色的北大荒人的光荣传统。概括起来就是，吃大苦，耐大劳，勇于战胜一切困难，艰苦创业、努力进取的革命品质；上下团结一致，互相关心、互相爱护的同志间的真诚感情；不为名、不图利，在平凡的岗位上任劳任怨，为人民谋利益、为国家多做贡献的献身精神；顾全大局，分

---

① 许人俊：《王震建议开垦北大荒》，《党史博览》2011 年第 3 期。

担困难，服从命令听指挥，坚决执行党的路线、方针、政策的高度组织纪律性。这是北大荒人的精神，这才是真正的优势，我们一定要发扬光大，代代相传。"

这些会议上提出的口号和号召，成为北大荒精神的理论基础和准备。

（二）从创立到形成

北大荒精神是具有马克思主义的实践性的精神成果，是由实践层面升华而成。20 世纪 80 年代，还没有从理论上、从抽象的逻辑思维上严格界定北大荒精神。1985 年 8 月 26 日至 30 日，时任中共中央政治局委员的王震同志，受党中央、国务院、中央军委的委托，对广大干部和职工给予慰问，同时也对农场进行了视察，八五三、八五二、友谊等农场都包含其中，并且提出了"艰苦奋斗的北大荒人的精神"。1986 年 5 月上旬，当时担任黑龙江省委书记的孙维本同志到三江平原河域，对国营农场作了调查研究。孙维本同志创新性地为垦区提出了精神文化的课题，北大荒精神理论的研究迎来了发展创新的高潮，也促进了东北精神理论的弘扬和发展。1986 年 7 月 20 日，在黑龙江省复转军人开发建设垦区纪念大会上，孙维本同志进行了讲话，全面解读了北大荒精神的内涵，并且大力号召在全省宣扬北大荒精神。①抗日战争时期，王震将军领导三五九旅在南泥湾进行了开荒建设，在操练军队的同时，也注重当地的农业生产，将南泥湾建设为繁荣兴旺的新世界，在此过程中孕育了南泥湾精神。20 世纪 50 年代，王震将军领导转业官兵进军东北，使南泥湾精神中的勤劳勇敢、开拓创新的品质，在

---

① 王诚宏：《论北大荒精神及当代价值》，《黑龙江省社会主义学院学报》2010 年第 3 期。

北大荒这片土地上生根发芽，发扬光大。①

北大荒精神的孕育发展与南泥湾精神息息相关。北大荒精神的核心就是，在面对利益冲突时，舍得牺牲个人的利益，保全党和人民的利益；拥有吃苦耐劳的精神，为了党和人民的利益，肯下功夫肯吃苦。广大复转军人在黑龙江垦区播撒汗水，与其他垦荒群体共同受孕育了北大荒精神，也体现了北大荒精神的核心，传播了北大荒精神的内涵。老一代垦荒者的顽强拼搏离不开北大荒精神的鼓舞，北大荒精神支持他们艰苦创业。现在，北大荒精神同样给新一代的建设者注入巨大的勇气和力量，鼓舞他们再创辉煌。北大荒精神是对南泥湾精神的继承与发展，也将一代一代流传下去。②对于垦区广大职工来说，它是宝贵的精神财富，对于全省人民来说，它是共同的精神财富，它同大庆的"铁人精神"一样，使全省人民备受鼓舞，为全面振兴黑龙江而拼搏奋斗。

在这一阶段，刘成果同志对北大荒精神理论的系统化、经常化、典型化提出了自己的见解。他从经济发展角度出发，重视北大荒精神对经济社会发展的重大影响，进而提出了"北大荒精神是我们战胜困难的法宝"。1989年12月13日，在黑龙江省农垦工作会议上，他重点对垦区的形势进行了分析，提出了经济工作目标以后，要求"要继承和发扬北大荒精神，保证治理整顿和深化改革任务的完成"。他回顾了垦区不怕困难和战胜困难的光荣传统以后认为，"可以这么说，一部垦区发展史，也是垦区干部、职工、家属发扬北大荒精神，艰苦

---

① 苏金瑞：《北大荒精神的基本问题研究》，长春理工大学2019年。
② 陈彦彦：《马克思主义价值观视阈下北大荒精神的内涵探析》，《中国高校社会科学》2020年第3期。

奋斗、自力更生、顾全大局、无私奉献、勇于开拓的历史。北大荒精神始终是我们的传家宝，我们在任何时候、任何情况下，都不能丢掉这个传家宝。今天，我们面临的困难是前进中的困难，困难程度也比以前轻得多，克服困难的条件比以前强得多，只要我们继承和发扬北大荒精神，就一定能战胜困难，取得治理整顿的新胜利"，并认为"北大荒精神之所以能成为我们克服困难、指引我们从胜利走向胜利的法宝，是因为北大荒精神是一种极为宝贵的资源，是一笔无价的精神财富，是垦区人民重要的精神支柱。这种精神资源一旦被充分开掘出来，就会成为提升干部职工思想境界的一种高尚的价值观念，成为干部职工团结奋斗的一股凝聚力量，最终会转变为推进垦区现代化建设的巨大的物质能量"[①]。

刘成果同志对如何将北大荒精神凝练为一种精神动力进行了细致的阐释。1990 年 9 月 2 日，在黑龙江垦区精神文明建设暨社会治安综合治理工作会议上，他提出"要把北大荒精神教育和 100 亿斤商品粮基地建设紧密结合起来"。他说："100 亿斤商品粮基地建设决不只是一个物质文明建设问题，它必然涉及精神文明建设，涉及北大荒精神教育。因为 100 亿斤商品粮基地建设，就是北大荒精神在 90 年代的具体体现……总之，在 90 年代发扬北大荒精神要和建设 100 亿斤商品粮基地紧密地结合起来。北大荒精神是我们的财富、传家宝、优势和特色，所以，（发扬北大荒精神）一刻不能放松。"[②]

刘成果同志深入研究了北大荒精神的丰富内涵，概括归纳了北

---

① 刘济民：《永远的丰碑——纪念十万复转官兵开发建设北大荒 50 周年》，《北大荒文学》2008 年第 6 期。
② 韩乃寅、高明山：《北大荒精神论》，时代文艺出版社 2008 年版，第 103 页。

大荒精神的系统化理论。1990 年 8 月 20 日，在黑龙江省农垦总局的形势报告会上，他系统地阐释了对北大荒精神的理解，对"北大荒精神""北大荒精神的形成""北大荒精神的作用"等一系列理论问题都有自己的思考。1990 年 10 月 19 日，在《北大荒精神》（黑龙江人民出版社 1995 年版）一书编写组全体成员会上，他深入解释了对北大荒精神的认识。在此基础上，他完成了《北大荒精神》一书。此前，刘成果同志曾经在期刊上看到对于中华民族的精神的总结，如雷锋精神、大庆精神、焦裕禄精神和女排的拼搏精神等，但是没有北大荒精神，他认为这并非北大荒精神不行，而是北大荒精神的知名度还不足，并没有得到社会的广泛承认，把它系统化地宣传出去是垦区干部群众的责任。[①]

（三）从形成到成熟

1994 年，黑龙江省时任省委书记岳岐峰同志去垦区视察时提出，全省人民都要发扬大庆精神、铁人精神、北大荒精神。垦区各级党委对岳岐峰同志的号召给予了高度的重视。其后，总局党委召开两次座谈会，对《北大荒精神》一书的编写提出了一些具体的要求。当年 12 月，召开农垦工作会议，总局党委提出了《进一步加强北大荒精神宣传教育的若干意见》，参加会议的接近 300 名领导认真讨论并给出很多建议，第二年 1 月全垦区印发了相关文件。

1994 年 12 月 20 日，省农场总局结合理论与实践，系统阐述了北大荒精神的形成、内涵，对北大荒精神予以定义。题为《历史的

---

① 金达仁：《难以忘却的北大荒知青岁月》，《中国农垦》2020 年第 7 期。

丰碑，永恒的财富——关于弘扬北大荒精神几个问题的汇报》的文件，对北大荒精神进行了概括："艰苦奋斗，勇于开拓，顾全大局，无私奉献。"

1995 年 12 月，黑龙江人民出版社出版了《北大荒精神》一书，这本书详细地阐述了北大荒精神。刘成果同志在序言中指出："《北大荒精神》是第一部系统地介绍北大荒精神的形成和发展，历史地位和现实作用，基本特征和科学内涵，以及在新的历史时期，怎样弘扬北大荒精神，使其代代相传的专门论著。"这本书站在历史的角度，深刻解读了北大荒精神，全面地对其理论体系进行概括和总结。艰苦创业是北大荒精神的精髓，甘于奉献是北大荒精神的闪光点。在新的历史时期，北大荒精神需要更为科学、全面、系统地完善。①

新中国成立之后，黑龙江垦区的拓荒者们发扬北大荒精神，为国家人民做出了很多贡献，在个人利益和国家利益之间以国家利益为先，在垦区辛苦付出，使得垦区的事业蓬勃发展。每一项伟大的事业都是需要坚实的精神力量来支撑的。崇高的精神是能够给人以强大的鼓舞作用的，也能激发人内在的创造力。所以，北大荒精神在垦区的建设发展过程中发挥了重要的精神支柱作用。半个多世纪以来，垦区拓荒者们凭借一股不屈不挠的精神创造了世界农业的奇迹。秉持着"自力更生、艰苦创业、勇于开拓、甘于奉献"的北大荒精神，他们将自己的青春奉献在这片大地上，为黑龙江人民的美好生活奋斗终生。

在黑龙江垦区数十年的艰苦建设中，垦区人用鲜血和生命、激情和拼搏，在特定历史时期和极端严峻的条件下锻造出来的北大荒精神，

---

① 陈彦彦：《马克思主义价值观视阈下北大荒精神的内涵探析》，《中国高校社会科学》2020年第 3 期。

是垦区人政治风貌、道德修养、思想观念、能力素质的集中体现。北大荒精神充分说明了垦区人对待人民的真心，把人民利益放在心中最高的位置，充分体现了垦区人政治觉悟之高，道德修养之深。在农业现代化发展过程中，一代代垦区人将优秀的北大荒精神传承下去，滋润了肥沃的黑土地。北大荒精神在社会主义现代化建设过程中，成为社会发展的强劲动力，为黑龙江农垦事业的高质量发展奠定了坚实的基础，丰富了广大人民的精神财富，为实现中华民族伟大复兴的中国梦注入强心剂。

第四节　对北大荒精神的高度评价

20 世纪 60 年代，毛泽东同志致信"问候北大荒的同志们"；1980 年以来，邓小平、江泽民、胡锦涛等同志先后来到黑龙江垦区视察，提出了垦区要建设好商品粮基地、大力发展多种经营，办好家庭农场的改革设想；发出了"发扬北大荒精神，率先实现农业现代化"和垦区要"成为全国农业现代化的排头兵"的号召。

1985 年 8 月 28 日，王震将军在八五三农场的欢迎晚会上讲话时说："同志们开始来这里的时候，是沼泽地带，蚊子很多，同志们吃了苦，现在看来嘛，这个苦是可以加一个'艰'字的，叫艰苦创业，可这个创业是胜利的，没有苦就没有甜，先苦后甜嘛。现在还是要艰苦创业，生活的改善是要依靠我们的勤劳和智慧……我们国家还很穷，但新中国同旧中国相比，是一个天翻地覆的变化，我们这些头发白了的人和五六十岁的人是清楚的……我是湖南人，我们湖南省在解放前像这样一个旅馆(指八五三农场招待所)都没有。所以，我们中国要建设社会主义，要独立自主，自力更生，艰苦奋斗。"1986年6月17日，时任中央顾问委员会副主任的王震为北大荒垦区题词——"艰苦奋斗，勇于开拓"。1990年7月，王震将军以83岁高龄最后一次到北大荒视察工作。王震将军不顾身体的不便，依旧对北大荒充满了热情，他兴致勃勃地考察了工厂、农场、农业科学院、学校等地方，观看了飞机作业和大豆的新型喷灌、小麦的机械收割过程，并再次为北大荒垦区题词："为国家提供一百亿斤商品粮和肉、奶、糖等多种商品而奋斗。"

1997年是北大荒垦区开发建设的50周年，江泽民同志于当年8月28日为垦区题词："发扬北大荒精神，继续开创农垦事业发展的新局面。"一时，全国掀起北大荒精神学习的热潮，广泛开展北大荒精神的教育和传播工作。弘扬北大荒精神至此在全国各地叫响，北大荒的故事流传在全国人民心中，人们都知道了北大荒的变化和发展。2000年8月22日，江泽民同志乘坐专机前往北大荒区域的重要城市佳木斯市，在农垦科学院进行了视察，同18位老军垦、老农垦、老知青和青年代表进行了座谈。江泽民同志认真听取了大家的发言后说："北大荒，全国有名，恐怕也是世界有名……建设大规模商品粮基地，这是重大的战略措施。我们国家要实现工业现代化，也要实现农业现代化。我看北大荒的奋斗目标就是要率先实现农业现代化。最重要一点，就是弘扬了北大荒精神。这个精神财富是几代人奋斗出来的……你们艰苦奋斗，勇于开拓，顾全大局，无私奉献。我给你们题的词主要就是发扬北大荒精神，就是要继续开创农垦事业发展的新局面。"在这次考察黑龙江的行程中，江泽民同志为垦区题词："发扬北大荒精神，率先实现农业现代化。"如今，北大荒精神已经是北大荒垦区的精神之钙，不断促进北大荒事业向前发展。

从 20 世纪 90 年代开始，温家宝同志对北大荒进行了三次视察，充分赞扬了北大荒精神。1994 年 8 月 16 日至 19 日，第一次视察，他顶着大雨。1994 年 8 月 19 日上午，他亲切接见了总局、各管理局、总局机关部分单位的领导以及离退休老干部，并发表重要讲话。温家宝同志指出，在老一辈无产阶级革命家的领导下，由人民解放军集体转业官兵，以及大批支边青年、知识青年和知识分子率先开创的农垦事业，形成了北大荒精神，这是十分宝贵的精神财富。2000 年 8 月 22 日至 23 日，第二次视察，陪同江泽民同志参观了粮食基地北大荒。2003 年 8 月 2 日的第三次视察，他主要考察了北大荒垦区的产业化龙头企业九三油脂有限公司。

2018 年 9 月，习近平总书记来到黑龙江省垦区考察调研时指出："北大荒建设到这一步不容易。当年这里是'棒打狍子瓢舀鱼，野鸡飞到饭锅里'。共和国把这里作为战略基地、把农业作为战略产业发展起来。半个多世纪过去了，发生了沧桑巨变，机械化、信息化、智能化发展很了不起，令人感慨。北大荒为中国人真正解决温饱问题发挥了大作用。今天来到这里，很鼓舞信心，鼓舞斗志。"

综合来看，北大荒精神是 20 世纪社会主义建设伟大实践的必然产物，颇具开拓创新的中华民族精神特质。它是中华优秀传统文化在北大荒的绽放，是对中华民族思想宝库的丰富发展。开垦北大荒是 20 世纪的故事，但北大荒精神如今依旧值得人们传承，作为第一批纳入中国共产党人精神谱系的精神之一，北大荒精神永远发光发亮。以发展性带动实践性，两者相辅相成。北大荒精神是真理尺度和价值尺度的高度统一，既推进北大荒的开垦，又符合人们的精神需求。在当今世界正经历百年未有之大变局背景下，我们应以中国梦为我们的理想追求，来阐释和完善北大荒精神，以实现理论先导引领社会实践变革的新境界。

第二章

北大荒精神的基本内涵

　　特定的社会环境和社会实践产生特定的精神。北大荒精神源于新中国成立后我国对北大荒地区的戍边垦荒事业。20世纪四五十年代，为积极响应国家号召，十余万转业官兵来到北大荒，知识青年涌入北大荒，相聚于这片土地进行大规模开垦活动，成为北大荒建设的亲历者与参与者。党和国家开发建设北大荒最初是为了解决粮食不够的问题，是为解决特定历史时期所面对现实问题的社会实践。在那个特定的历史年代，北大荒地区的生产和生产条件的艰苦程度超乎想象，"赤手则手僵，裸耳则耳断"是对北大荒地理环境的具体文字描述，可见垦荒难度之大。北大荒精神正是在这种环境的实践活动中，逐渐形成和发展起来的。

　　十余万转业官兵、数十万知识青年以及他们的子孙后代等，一代接续一代的北大荒人将自己的青春、汗水甚至生命奉献给了北大荒这片沃土，铸就了我国戍边农垦的伟大历史丰碑。以复转军人和支边青年为主体的第一代北大荒人，开拓了北大荒的农垦事业。以城市知青、知识分子为主体的第二代北大荒人是农垦事业的接班人，撑起了北大荒人这一特定群体新的脊梁，在艰苦的年代中用青春、汗水浇灌了这片荒原。以转业官兵和支边青年的子女为主体的第三代北大荒人，运用现代科技使北大荒的农业发展走向现代化、专业化、国际化。在这感天动地的事业背后，蕴含着无比强大的精神力量、无比丰富的精神内涵。三代北大荒人在 70 多年的艰苦创业历程中，创造了极为宝贵的精神财富——北大荒精神，这种精神激励着一代又一代北大荒人勇敢向前、顽强拼搏。

自立自强、坚持不懈的自力更生精神向世人集中展示以爱国主义为核心的中华民族精神；不畏艰险、顽强拼搏的艰苦创业精神是北大荒精神的核心价值，鼓舞着北大荒人撑起属于中国人自己的粮仓，树立了中国人自己的粮食信心；解放思想、敢闯新路的勇于开拓精神深刻体现了北大荒人的创新精神；不计得失、不怕牺牲的甘于奉献精神是北大荒精神的闪光点，北大荒人用实际行动践行了"献了青春献终身，献了终身献子孙"的豪迈誓言。基于此，以自力更生、艰苦创业、勇于开拓、甘于奉献为特定内涵的北大荒精神，对激励人民创造美好生活、勇于改天换地起到了强大推动作用，北大荒精神的影响力延续至今，已成为中华民族精神的重要组成力量。

第一节　自力更生：确保农业发展

（一）自力更生精神的内涵及地位

自力更生精神，就是指不依靠外力，靠自己的力量把事情办好的精神。北大荒自古以来就具有独特的个性和气质。坦荡的地貌、坦荡的气质，造就了一代又一代自力更生的北大荒人。北大荒是北大荒人自己建设出来的，也是属于全国人民的，是在国家的大力支持下发展起来的。北大荒人将牢记自力更生这一思想精髓，为祖国和人民无私奉献。北大荒人在粮食供给严重不足的年代里，顺利完成上缴粮食的任务，用自己的热血回馈祖国，展现了集体主义精神；拼尽全力将粮食生产放在首位，全心全意为人民服务，发扬了爱国主义精神；北大荒人在实践中不断升华集体主义和爱国主义精神，自力更生、服从全局。

自力更生精神是北大荒精神的时代风范，是北大荒人矢志不渝的行为准则，是北大荒人爱国主义精神、集体主义精神和高度组织纪律性的集中体现。凡是向荒原进军的队伍，无一不面临着选择和考验。数十年前，当首批复转军人踏上北大荒时，不仅缺乏生产条件，甚至连基本生存也无法保障。在这种极端的条件下，官兵一致、上下一致，自力更生、共渡难关，以民族振兴的大局为重，以到艰苦的地方工作为荣。[1]

1954 年 10 月，中央决定农建二师集体就地转业，而这时，正是国家实行军衔制的前夕。连年征战，在战场上拼杀半生的官兵们，如果能留在部队，可以授衔获得较高的工资待遇。为了国家发展的大局，他们服从了党和国家的命令，8300 名官兵默默耕耘。那个同甘共苦的年代培养了北大荒人不计个人得失的坦荡胸怀。服从大局要稳定局部，垦区注重经济的整体性发展。改革使相当一部分职工先富了起来，但还有部分农场、部分职工生活相对贫困。从 1986 年起，北大荒开始对 25 个贫困农场进行重点扶持，保障每一个投身北大荒建设的人不受苦不受穷。北大荒人为了共和国的大局，默默地挑起了祖国交与他们的

---

[1]　郭思元、刘大勇：《历久弥新的北大荒精神》，《信阳农林学院学报》2019 年第 2 期。

重担。在北大荒人的心目中，北大荒是共和国全局的一部分，他们必须勇挑国家交与他们的光荣使命，担负国家交与他们的责任，扎根北大荒，为国家和人民戍守边疆。

（二）自力更生精神的具体体现

一是立足爱国主义的自立精神。北大荒精神是爱国主义精神的集中表现，突出表现在对国家利益的维护，对国家的责任感和使命感，维护国家粮食安全的自主自立的信念。爱国主义是反映个人对祖国依赖关系的感情系统，是调整个人与祖国之间关系的行为准则体系，也是民族精神的核心。爱国主义表现为人们对祖国江河大地、锦绣山川的依恋，表现为对本民族历史文化、风土人情、风俗习惯以及骨肉同胞、祖宗先辈的热爱，更表现为对祖国领土主权、社会制度的维护等。在实践中，北大荒人将这种对国家的担当意识转化为爱国之情、报国之志和利国之行，并在北大荒的建设和发展中付诸实践。

农建二师源起于山东渤海军区海防大队，在抗日战争中曾与日寇浴血搏杀，1952年3月奉军委令由国防战线转入生产战线，1954年9月奉命移垦黑龙江开发北大荒。经过几年的艰苦创业，1957年前后在农业垦殖、基础设施建设、公路交通、综合经营等方面硕果累累，他们自力更生、垦荒创业的伟大成就，在北大荒开发史上熠熠闪光。

1958年1月24日中央军委发出《关于动员十万干部转业复员参加生产建设的指示》，3月20日成都会议通过《关于发展军垦农场的意见》，这两份文件成为加快发展黑龙江屯垦事业的"动员令"。军令一下，全国十万复转官兵从各地会集黑龙江，不仅原有的农场得以加强，而且又新建一批农场，使得黑龙江垦区规模空前壮大。这些复转官兵都是为新中国成立流过血、负过伤的战士，他们没有居功自傲，没有怨言牢骚，没有抱怨条件艰苦，也没有躺在以前的功劳簿上讨价还价，绝对无条件地服从命令，自力更生、艰苦创业，在这片蛮荒的土地上奉献着自己的青春。

垦区初创时，各类专业技术人员只有 25 人。此后，通过从全国各地选派领导干部、专家技术人员，分配大中专毕业生等渠道，北大荒的人才队伍逐步壮大。他们当中有科班出身的专业人才，也有凭着求知欲望努力自学成才的"土专家"。这些科技人员在农业及文教卫生各项建设事业中做出了很大的贡献。20 世纪 50 年代中后期，来自全国各地的城镇知识青年积极响应党的号召或听从国家安排，怀揣着热情建设北大荒。截至 1979 年底，黑龙江省上山下乡知识青年总人数为 193.83 万人，省外下乡知识青年 40.3 万人，安置在黑龙江省农垦系统的达 30.07 万人。这些有志青年放弃了城市里优越的生活条件，义无反顾地来到这片陌生的蛮荒之地，他们自力更生，将青春与汗水挥洒在这片土地上，将知识与才能应用在开垦的劳作中，让这片古老的荒原充满了活力，也使得祖国的垦荒事业进展得更加顺利。

为维护粮食安全，北大荒人主动请缨。农业本身是一个效益低的产业，在国家缺粮少粮时，北大荒人义无反顾地站了出来，主动肩负起维护国家粮食安全的重任。没有资金、没有技术不是问题，北大荒人自力更生，自主创新，保证产量，坚决维护好粮食安全。1990 年，垦区提出建设 50 亿公斤商品粮基地。为了实现这一目标，北大荒人必须跳出单一旱作农业的老路，开始一场"旱（旱田）改水（水田）"的革命。80 多个国有农场组织千家万户在 1000 万亩低产田上大造水田。没有资金，农场和职工千方百计筹措，4 年之间，投入资金 30 多亿元；

没有技术，除总局组织统一培训，各农场还从外地引进技术人员。全垦区改造利用了 1000 多万亩低洼易涝低产田，打破了近 50 年来麦豆一统天下的种植业格局，实现了种植业结构的优化，使垦区的水稻种植面积由 1984 年的 21.6 万亩，发展到现在的近 1400 万亩，水稻单产、总产分别由 159.7 公斤、0.4 亿公斤，提高到 2006 年的 513.6 公斤、52.9 亿公斤，为国家重要商品粮基地建设提供了有力保障，并使垦区的农业生产走上了高产、稳产、高效的发展轨道。

新冠疫情关头，北大荒人不忘初心。北大荒集团坚决服从黑龙江省委、省政府支援湖北粮食供应的指示，为了完成粮食支援任务，北大荒米业集团果断推掉市场订单，紧急协调、昼夜生产，仅用 36 小时，就完成了 1500 吨优质大米的生产和运输工作，确保黑龙江省驰援湖北的物资支援计划顺利实施。每次在紧急时刻，北大荒人都充分发扬爱国主义精神，自主自立、成就事业。无论时代如何变迁，北大荒人永远不忘初心，永远将祖国和人民放在心中最高的位置。每当国家遇到危难，北大荒人总是以一种自主自立、不计代价的精神担起责任，只要你要、只要我有，北大荒人会将自己最大的能量奉献给祖国。

综上所述，爱国主义揭示了个人对祖国的依存关系，是中华民族的民族心、民族魂，在中华民族精神中处于核心地位。无论是在拓荒创业的初期，还是在国家缺少粮食的困难时期，北大荒人始终坚持自主自立地维护国家利益、集体利益，宁可牺牲自己的利益，也要保证大局稳定。正是因为一代又一代北大荒人对祖国有着深厚的感情，所以在国家有需要的时候，他们积极响应国家号召，放弃城里优越的生活条件，带着坚定的信念，义无反顾来到北大荒，在这片荒凉的土地上自力更生、挥洒汗水、辛勤劳动、贡献智慧。目前，经过几代北大荒人的不断努力，北大荒耕地面积达到 4300 多万亩，粮食综合生产能力稳定在 400 亿斤以上，商品粮调出量约占我国各省粮食调出总和的 1/4，基本实现了农业生产全程机械化，黑龙江垦区已经发展为我国综合生产能力最强的国家重要商品粮基地。

二是基于爱国主义的自强精神。自立是自强的基础。自立自强是爱国主义精神的重要表现形式。自立自强、自我奉献的精神是维护国家利益的重要保障。在北大荒的开发和建设中，自立自强表现为把维护集体的利益放在首位，把维护全体人民的利益放在首位，宁可自己少吃挨饿也要让全国更多的同胞不挨饿的舍小我为大家的精神。"献了青春献终身，献了终身献子孙"。这是北大荒的拓荒者们自立自强最真实的写照，也是北大荒精神中"自力更生"的最直接体现。可以说从这片黑土地上点燃第一把火种起，北大荒就肩负着光荣的使命和职责。70 多年来，一代代北大荒人倾听时代的召唤，把国家的需要作为最神圣的使命去担当，自强奋斗。

解放战争的硝烟尚未散尽，第一批复转军人便以开荒种地、支援前线为使命开赴北大荒。农垦宁安农场离休干部王辅刚说："为稳定大后方，当时要建立粮食加工厂，主要任务就是生产粮食支援前线。"20 世纪 60 年代初，我国三年困难时期，对于当年的北大荒人来说最重要的事情就是想方设法多打粮，这颗颗粒粒要上缴给国家的粮食对他们来说比自己的生命还宝贵。2003 年非典来袭，党中央、国务院一声令下，北大荒的 46 条大米生产线同时昼夜开工，成车的大米源源不断地运往首都。2008 年汶川地震发生后，北大荒人仅用 3 天时间，就组织了 2400 吨优质大米运送灾区，这不断提升的北大荒速度代表着的不仅是北大荒粮食生产水平的提升、产业化程度的提升，更代表着北大荒人的时代担当。

而这种担当同样体现在平抑粮价、保护奶价和非转基因大豆保护区种植等多个领域。北大荒米业集团三江制米厂职工王欢欢说："我们24小时生产，三班倒，机器不停，就是为了早些把大米加工出来，给灾区人民送去，让灾区人民都吃上饱饭。"

自立信念铸就了责任与担当，而自强精神则为北大荒提升了担当的能力。中国人吃的粳米中，每6粒就有1粒出自北大荒。北大荒每年向国家提供的粮食，可以保证1亿人1年的口粮供应。这些傲人的数字来自三代北大荒人实践中的思路创新。20世纪80年代末，黑龙江垦区开始启动"以稻治涝"、改造低产田的第一次结构调整，重点对三江平原的154万公顷易涝低产田进行大规模改造，并快速带动全省稻米产业发展。农垦总局原局长刘文举说："三江只有水稻这一条路，才能解决低洼地这种情况。"寒地水稻之父徐一戎说："我们1949年就开始种水稻了，到1999年面积1000万亩以上，平均亩产超千斤，可以说突破国际的历史纪录。"在国家强农惠农政策的支持下，2008年农垦九三管理局红丰农场1500亩玉米试种获高产，改变了东北高寒地区农业种植品种结构单一的状况；2017年，黑龙江省粮食总产量达1200亿斤，其中有1/3来自北大荒。①

---

① 刘惠：《论北大荒精神的形成》，《法制与社会》2020年第5期。

▶ 20世纪六七十年代，知识青年们抢收麦子的
劳作场面

　　党和国家开发建设北大荒旨在自力更生解决中国人的吃饭问题。
支援建设北大荒的复转官兵们，以及志愿来到这片荒原的有志青年们
也深刻地认识到这一点，建设北大荒的任务就是让全国人民吃上饭，
不再饿肚子，所以他们为了理想与信念，在最艰苦的日子里即使自己
挨饿，也要把粮食保质保量地交给国家，让更多人不至于被饿死。
1960年，北大荒遇到了严重的自然灾害，农场的粮食已不能自给。但
为了完成上缴国家商品粮的任务，农场人守着一堆堆的粮食，自己却
用野菜、豆秸、树皮充饥，全垦区职工的口粮标准降到了每人每月7.25
公斤，家属5.5公斤。当年，却向国家交售了1.8亿公斤粮食，完成了
3000万公斤大豆的出口任务。当年在垦区广泛传颂的"八五三精神"，
就是北大荒人服从大局的真实写照。1960年，八五三农场接受了上缴

国家 300 万公斤粮食的任务。但在运出了 280 万公斤粮食后，上级考虑到这个农场职工是以野菜、玉米皮淀粉、榛树叶充饥的实际困难，决定余下的 20 万公斤就不收了。可当农场听到一些灾区严重缺粮的情况后，他们不仅如数交足了征购粮，而且从农场的种子、口粮、饲料中挤出 31.5 万公斤，支援重灾区的人民，为国家分担了困难。

综上所述，基于爱国主义的自立自强精神是以国家利益、集体利益为重，当个人利益与国家利益、集体利益发生冲突时，个人利益服从国家利益、集体利益，甚至在必要时作出自我牺牲。这样既有利于维护国家、社会的共同利益，也有利于维护个人的根本利益和长远利益。在北大荒开发建设的过程中，保障粮食生产的自力更生是北大荒农场建设永恒不变的话题，不论农场自身遇到怎样的困难，北大荒人始终自立自强，没有一丝一毫的怨言，承担起自己应尽的责任。[①]

（三）新时代发扬北大荒精神中的自力更生精神

自力更生精神体现了北大荒人胸怀全局的爱国情怀，北大荒人以维护国家利益、集体利益为最高行为准则，时刻以建设国家重要商品粮基地、保证国家粮食安全为自己的神圣职责，把自力更生保障国家粮食安全作为大局。粮食安全是国家安全的重要基础，解决好粮食问题始终是治国理政的头等大事。北大荒人勇于担当，始终把粮食生产放在首位，切实保障国家粮食安全，真正地把国家的需要当作自己的需要。北大荒能够历经磨难而不衰，饱尝艰辛而不屈，千锤百炼而愈加坚强，自力更生精神起到了重要的支撑作用。

进入新时代，北大荒人继续发扬自力更生精神，大力推进农业

---

① 周玉玲：《北大荒精神的再认识》，《农场经济管理》2017 年第 2 期。

现代化、农垦工业化、农场城镇化，坚持强工、优农、兴城统筹发展方针，为保障国家粮食安全和食品安全、引领农业农村发展以及维护边疆繁荣稳定做出新贡献。为了保护生态环境，防止水土流失，黑龙江垦区积极实施退耕还林、退耕还草等一系列工程，通过加大植树造林的力度、建立自然保护区等措施，改善北大荒的生态环境。

伟大实践产生伟大精神，伟大精神推动伟大事业。北大荒精神体现和升华了以爱国主义为核心的自力更生精神。复转军人发扬人民军队的优良传统，自力更生建设北大荒，为北大荒精神的形成奠定良好的基础。知识青年群体又极大地丰富了北大荒精神。^①正是凭着对党的无限忠诚、对祖国的无限热爱，北大荒人铸造了自立自强、自我贡献的精神。北大荒精神创造性地传承了中华民族勤劳勇敢、自强不息的奋斗精神。北大荒人身上体现着吃苦耐劳、自力更生的品质，正是这些优良品质，保证和激励着北大荒人在荒原战胜艰难险阻，艰苦创业。北大荒精神既具有民族性，又具有时代性。垦区创业时期，北大荒人依靠自力更生精神，为国家生产出更多的粮食。改革开放和社会主义现代化建设新时期，北大荒人自强不息，率先进行垦区农业现代化，赋予了北大荒精神新的内涵，实现了北大荒精神的与时俱进。

自力更生精神在本质上是一种实践精神，一种立足黑龙江省现代农垦事业的自立自强精神，一种推动实践发展、推动时代前进的自强不息精神。新时代要高扬北大荒精神中的自力更生精神，开创黑龙江农业现代化发展新局面。坚持自立自强，与祖国同步发展，实现共同繁荣；在党的带领下，提高领导干部和人民群众的整体意识，做到

---

① 刘惠：《论北大荒精神的形成》，《法制与社会》2020 年第 5 期。

个人利益服从整体利益。牢记历史使命，肩负起保障国家粮食生产稳定、保护生态环境等责任，树立可持续发展的观念，在充分利用自然资源的同时，进行生态建设，以促进北大荒的长远发展。

第二节　艰苦创业：为国成边垦荒

（一）艰苦创业精神的内涵及地位

艰苦创业是一种不怕艰难困苦，奋发图强，为国家和人民的利益甘于奉献、英勇顽强的斗争精神。伟大事业之所以伟大，是根源于坚韧不拔的精神动力、不避艰苦的奋斗气质。从北大荒到北大仓的巨大成就，是三代北大荒人经过70余年的不断艰苦努力而矢志不渝推进的伟大事业。北大荒开发建设的历程，正是对艰苦创业精神的最好诠释。

不畏艰险、顽强拼搏的艰苦创业精神是北大荒精神的核心价值。理论源于实践，实践需要理论的指导。艰苦创业是北大荒人在革命年代和社会主义建设时期的鲜明政治本色，也是北大荒精神的立足之本，是北大荒人进行伟大实践的立身之本、传家之宝，是北大荒人面对艰险坚持自我、以苦为乐的鲜明品质的集中体现，是北大荒精神的本质核心和精髓。北大荒的幸福不是等来的，而是奋斗出来的，垦区人的这句话充分彰显了北大荒的沧桑巨变和北大荒人自力更生的奋斗精神、以苦为荣的乐观精神。[1]在当时，"早上三点半，地里三顿饭，晚上看

---

[1]　中共黑龙江省委党史研究室：《传承弘扬北大荒精神 谱写好中国梦的龙江篇章》，《黑龙江日报》2017年6月13日。

不见"，是北大荒人的真实写照。

　　这里是一片神奇的土地，垦荒前这里是一片万古荒地，然而在历经数代人艰苦卓绝的努力下，为国家生产了数千亿斤的粮食，帮助国家度过最艰难的岁月。在这片广袤的荒原上，冬季滴水成冰、酷寒难耐，七十余年前的北大荒的生产条件和生活条件非常原始简陋。但是这些物质上、生活上的困难并没有击退北大荒人垦荒戍边的满腔热情，他们用自己的青葱岁月铸就了最伟大的奋斗发展诗篇。在中国共产党坚强领导下，来自祖国各地的十四万复转军人、十万大中专院校毕业生和地方干部、二十万支边青年、五十四万城市知识青年发起了"向地球开战，向荒原要粮"的伟大壮举。

　　▶ 20世纪六七十年代，黑龙江生产建设兵团的同志们将晒干的麦子迅速起场，为后面不断运来的潮湿新麦腾地方

　　北大荒之所以能够变成北大仓，是与一代又一代北大荒人艰苦创业

分不开的，艰苦创业精神是中华民族精神的重要组成部分，是中华民族生生不息的坚强精神支柱。一代又一代北大荒人不畏艰难，不计得失，以奉献自己、造福人民为己任，在恶劣的自然环境中保持顽强拼搏的精神，咬定艰苦创业的品质不松懈，努力向前，持之以恒，将自己的汗水和青春洒在这里，为我国粮食产量的大幅度提升作出了不可磨灭的贡献，在一望无际的北大荒上，在这肥沃的黑土地上创造出了不可代替的精神财富，不断鼓舞着后人永远上进、再创辉煌。

（二）艰苦创业精神的具体体现

不畏艰险、顽强拼搏的艰苦创业精神主要体现在以下三个方面。

一是适应艰苦的自然环境。北大荒，地处祖国东北边疆，是我国纬度最高、最为寒冷的地区之一，其地理条件十分复杂，西与内蒙古接壤，南与吉林省相邻，北与俄罗斯隔江相望。北大荒自古以来就是蛮荒之地。这里荆棘丛生，沼泽遍布，风雪肆虐，人迹罕至，寒冷、偏僻、荒蛮、凶险都是很难克服的地理劣势。北大荒地区的气候环境十分恶劣，冬季漫长而寒冷，最低气温可达零下 48.6 摄氏度，一年有 2/3 的时间为冰霜期，冻土层最厚达 2.5 米，滴水成冰、鹅毛大雪是最为形象的比喻。夏季的北大荒，沼泽密布，蚊虻成阵。在这里晚上睡觉的时候，蚂蚁和蛇常会爬进被窝里，蚊虫苍蝇、蠛蠓牛虻空中飞，四脚蛇、蛤士蟆、肉蚂蟥水中爬。

虽然北大荒地处东北黑土区，土壤肥沃富含有机质，但是这里人迹罕至，是古时候的苦寒蛮荒之地，冬季寒冷而漫长，夏季高温潮湿，自然条件非常艰苦，为了开发这片肥沃的黑土地，为了建设祖国粮仓，一代又一代北大荒人克服环境困难，辛苦劳作，甘于奉献。在这样恶劣的自然环境锤炼下，艰苦创业成为北大荒精神的第一要义，三代北大荒人听从国家的召唤，将艰苦创业品质转化为奋斗的动力，不畏艰难，不惧荒蛮，不计得失，深入祖国最艰苦的地区，用事实向世人证明了"困难不是绊脚石，而是铺路石"，始终保持着艰苦创业的乐观主义精神，为祖国奉献了最美好的年华。

二是适应艰苦的工作环境。当代北大荒气势恢宏的现代化大农业让世人为之震撼，但是回望当年，北大荒字如其名，"荒"是给人的第一印象，没有路，没有人，没有庄稼，没有房屋，只有无边无际的萋萋荒草和沉寂了千万年的黑土地。对于开荒者来说，没有浑身是劲的耕牛，更没有高效先进的机械化工具，甚至连铁锹、锄头、镐头、镰刀这些最简单的生产工具也常常无处寻觅，留给开荒者的只有自己满布老茧的双手。一切都要从零开始，一切都只能从零开始。北大荒的开荒者面临着高强度的劳动，缺物资、缺人手等重重困难。这不仅是对开荒者体力的挑战，同样是对其精神意志的挑战，没有为祖国为人民奉献的无私精神，又如何能在如此艰难的环境中坚持下来呢？

在北大荒开拓初期，将万亩荒地开垦出来，当时的知青和官兵是靠着两条腿一步一步走的。漫漫荒原，荆棘丛生，沼泽遍布。飞起溅出的泥水几乎将每个人都变成了泥猴。没有伙房，露天打灶；没有水井，就用泡子水过滤做饭；没有蔬菜，每个人都缺乏维生素，只能就地挖野菜吃。有时荒地处处是水，没有落脚之处，只好边走边吃。出征归来，脸和脖子上都被蚊子咬得胖出一圈。自强不息的创业精神是艰苦创业精神的重要内容之一，"马架子"精神和"人拉犁"精神是自强不息的创业精神的具体体现。自然环境的险恶并没有击退开荒者，他们坚定信心，自己动手搭建"马架子"，用镐头、铁锹人力代替机械化工具开荒，积极投入"向地球开战，向荒原要粮"的伟大创业实践，充分展现了北大荒人的信心。从北大荒人的实际举动来看，自然环境艰苦没有阻挡他们建设北大荒的决心，从最初缺衣少粮白手起家，从荒地里捡来废铜烂铁等自制农具的艰苦处境，到经过几代北大荒人的不懈努力，不断提高北大荒农业机械化水平，农业发展蒸蒸日上，充分体现出一代又一代北大荒人的艰苦创业精神。

▶ 1973年，新建十九连的创业者们向新建点进军

　　三是适应艰苦的生活环境。对于当年北大荒的开发建设者来说，清一色的高粱米、窝窝头、盐水煮黄豆是常年不变的伙食，在当时的特定生活环境下，每天工作的三餐几乎都是大白菜和土豆，一年也看不见一点荤腥，大米饭或者饺子只有在逢年过节才能吃一顿，就算是这样，饺子也多半只是片汤。三年困难时期，在当时已经有北大仓之称的北大荒，也经历了难以忍受的、可怕的饥荒。粮食吃完了，有时

甚至只能吃牲口的饲料——糠皮、青稞、黑豆，以至树皮、草根、辣椒秧……因饥饿而亡的人不计其数。当地的开荒者们，有带家属和孩子的，当时夫妻只能在一个通铺上睡。必须得挂蚊帐，一个蚊帐里睡一对。在当时的江滨农场，一间不足20平方米的草房，同时住过四对新婚夫妇。还有一些坐落在偏远深山老林中的农场，长期"三不通"——不通电、不通邮、不通车，有的只靠一台发报机与外界联系。想寄一封家书，只能到几十里外的镇上去寄。虽然这里的生活环境艰苦，但是没有消磨北大荒人的意志，他们依然树立信心，为国家粮仓建设不懈努力。

艰苦朴素、戒奢从俭是马克思主义价值观的重要内容，勤俭节约精神更是艰苦创业精神的关键内容之一。在艰苦的生活环境下，北大荒人充分发挥了勤俭节约精神去面对未知的困难。20世纪50年代末60年代初在农场遭遇自然灾害后，很多农场尽力节约自己的粮食支出，攒足粮食上缴国家，帮助其他地区渡过难关。勤俭节约的生活作风，既是中华民族的传统美德，也是激励一代又一代北大荒人建设北大荒的精神支柱，更是推进北大荒屯垦戍边、开发建设取得新突破的法宝之一，在这种精神的推动下，北大荒人不懈努力，终将苦寒荒蛮之地建设成了祖国的北大仓。

▶ 20世纪五六十年代，八五三农场最早的农村住宅——马架子

综上所述，北大荒艰苦创业的历史，是一部屯垦戍边的奋斗创业史。北大荒的开发建设不是一帆风顺的，它需要面对艰苦恶劣的自然环境、工作环境和生活环境。虽然身处逆境，但是几代北大荒人从未退却，他们脚踏荒原，爬冰卧雪，用自己的双手战胜种种困难，从开垦初期采用人拉肩扛式耕地、两条腿丈量茫茫荒原、手工劳作等简单的生产方式，到引进资金技术不断实现创新，生产水平不断提高，依靠艰苦创业精神，将北大荒建设成为我国农业现代化程度最高的地区之一。

（三）新时代发扬北大荒精神中的艰苦创业精神

北大荒精神的第一原则是艰苦创业。艰苦创业是北大荒精神的精髓，是北大荒人的立身之本，即以国家的需要作为个人人生追求的目标，把艰苦创业、顽强拼搏作为人生的应有姿态，让拼搏奋斗、自强不息成为人生奋斗的底色。北大荒开发建设者以个人对国家和社会的贡献为基准，追求生命的深度。他们不顾困难和挫折，无条件无代价无回报到祖国最艰苦最需要的地方去工作。

艰苦创业精神是北大荒人民生存和发展的内在基础，也是北大荒精神的基石和脊柱。始终坚持"自力更生、艰苦创业"的精神，是北大荒人在新时代奋斗的精髓和本质。70多年前，他们昂扬着胸膛挺进亘古荒原，满怀激情地从事开垦荒野的伟大事业。他们以顽强不屈的精神、乐观向上的态度、坚韧不拔的意志和吃苦耐劳的性格奋战在大荒野上，用青春、汗水和鲜血，把北大荒变成了今天的大粮仓，为共和国开发了4000多万亩耕地，为全国人民提供口粮，打造了一个名副其实的大粮仓。

当前，中国特色社会主义进入新时代，在新征程上，艰苦创业体现为创造条件、迎接挑战的精神。在新时代弘扬北大荒精神，其关键之处就在于必须深刻理解把握艰苦创业的核心要义。北大荒人的艰苦创业精神有着强大的驱动力，激励着北大荒人展现出惊人的创造力，在开发和建设北大荒的历程中取得了丰硕的成果。在新时代，必须继续发扬艰苦创业精神，艰苦创业精神永远不会过时，北大荒精神更永远不会过时。

总而言之，艰苦创业精神作为北大荒精神的重要组成部分，随着社会的发展而发展，具有鲜明的时代特征，是每个人、每个国家、每个民族取得成功开拓创新的不竭动力。今天，新一代北大荒人要继续自力更生、艰苦创业，用自己的汗水和智慧为垦区的发展贡献力量，进一步推进垦区的高质量发展。新时代的北大荒人还要保持积极乐观的态度，正视建设北大荒过程中的各种新挑战，以迎难而上的艰苦创业精神，化解各种风险和挑战，使北大荒的艰苦创业精神历久弥新。

第三节　勇于开拓：荒野变成粮仓

（一）勇于开拓精神的内涵及地位

勇于开拓是北大荒人闪光的意志品质，是北大荒人勇往直前的进取精神、勇于探索的创新精神、尊重科学的求实精神的集中体现。勇于开拓精神就是敢于打破传统，不满足阶段性成功的创新精神；就是尊重科学、推动创新、不断前进的实践精神；就是跳出舒适圈，胸怀抱负、追求理想的探索精神。勇于开拓精神的核心和灵魂是创新，敢于创新，敢于打破原有落后的东西，敢于探索新的领域。长期以来，敢想敢做的开拓精神极大地提高了北大荒地区的劳动生产率，北大荒粮食产量得到显著提高，生产生活条件有了极大改善。

历代北大荒人在劳动与实践中主要进行了两个领域的创新：制度创新和技术创新。制度创新有利于塑造良好的垦区发展环境，扬长避短，不断加快改革发展的步伐。而技术创新则有助于提高垦区农业现代化水平，提升人们的生活质量，增强北大荒地区的可持续发展能力。黑龙江垦区在多年发展过程中，取得过巨大成就，也面临过很多需要应对的挑战，这在一定程度上影响了发展，然而，北大荒人紧跟时代潮流，与时俱进，摆脱旧的发展模式的束缚，不断弘扬改革创新精神，并将改革创新的智慧应用到北大荒开发建设的全过程，在新的领域进行大胆尝试，求实创新，有效整合资源，推进产业优化升级，不断提高垦区生产力，不断实现北大荒在改革创新过程中的更高质量发展。

勇于开拓主要是指北大荒人解放思想，敢闯敢试。制度创新层面，改革开放以后，北大荒人勇于打破"国家出钱、职工种地"的旧体制，以家庭农场为生产经营主体，进一步完善统分结合的双层经营体制。①改革开放之初的 1979 年，国家就对北大荒的财政机制进行改革。制度的创新从生产关系破题，极大地解放了生产力，提高了北大荒的生产效率。与时俱进，北大荒人不局限在第一次制度创新的成果中，进一步推进改革，完成了第二次飞跃，很多产业部门"推陈出新"，进一步解放了农业生产力，走出了一条具有北大荒特色的农垦发展之路。

技术创新层面，则主要体现在对国外先进农业技术与机械的引进与学习。北大荒人在坚守不忘优良传统的初心的同时，不忘与时俱进，学习发达国家先进技术，引进国外的农业机械，建立农业科学实验基地，与国外合作研发农业技术，在学习了发达国家的农业生产技术后，进行自主创新，研发新技术，为国家粮食安全提供技术保障。1963—1976 年，先后有 50 多万来自天南海北、五湖四海的知识青年奔赴北大荒开拓发展。知识青年把青春献给了北大荒，也把文明之风带到了偏远边疆。不同时期来到北大荒的 10 多万名科技人员，面对恶劣的自然环境和复杂的地理条件，用严谨的态度、开拓进取的精神，攻克了农业生产的难关，因地制宜地创造出合乎北大荒实际的农业科技体系。

---

① 孙勇才：《北大荒精神》，黑龙江人民出版社 1995 年版，第 59 页。

这些知识青年放弃了原本优越的物质生活条件，怀揣理想、知识与勇气，带着希望来到这片荒芜的土地上，扎根于此，建设于此，创新于此，这是勇于开拓的实际体现。

（二）勇于开拓精神的具体体现

北大荒人一直把自力更生作为立足点，始终依靠勇于开拓的精神，重视自我发展。北大荒人以开拓者的形象登上历史舞台，在人烟稀少的北大荒，建成我国最大的国有农场群，实现了从北大荒到北大仓的历史转变。从 1978 年后进行双层经营体制改革开始创办家庭农场，到 1997 年走向规范的土地适度规模经营，再到 2000 年以来的撤队建区，他们没有盲目地推进改革，而是一步一步循序渐进，实现了北大荒在农业改革发展过程中的三次飞跃。在这一进程中，解放思想、敢闯新路的勇于开拓精神主要体现在勇于变革的制度创新和攻坚克难的技术创新两个方面。

一是勇于变革的制度创新。伴随着改革开放的脚步，北大荒发展的每一个阶段，都靠不断推进的制度创新作支撑。1978 年以前，全国农垦连续 12 年亏损，北大荒垦区同样是举步维艰。北大荒人面对这样一个严酷事实：管理权高度集中下农垦经济发展缓慢，国有农场劳动生产率长期在低水平徘徊，拖动着北大荒缓慢地向前发展。在长期计划经济体制下已经形成了僵化的观念、陈旧的模式、单一的结构……这些是企业发展的致命因素，对生产力提高是致命的桎梏。改革落后的生产关系，是当时北大荒人的必然抉择。

1978 年，以农村改革为突破口的中国经济体制改革拉开序幕——垦区改革也面临迫切的现实任务。1979 年，国家对黑龙江垦区实行财务包干，30 年"铁饭碗"的历史逐渐结束——这是垦区改革的必要条件；1984 年，中共中央一号文件指出："国营农场应继续进行改革，实行联产承包责任制，办好家庭农场。"至此，垦区体制机制改革找到了突破口。这次经营体制的创新不但打破了多年形成的经营习惯与思维习惯，并且用更加先进的经营模式解放了农业生产力，激发了农民的劳动热情，还为国家其他农业主产区的改革创新提供了经验。①

　　然而，这场波及百万人的体制机制改革，即使人们站在同一个起跑线上，也会出现进程的差异，特别是由于思想上、理论上、政策上准备不足，仓促上阵，当时垦区兴办家庭农场尽管取得成效，但也曾一度出现了较大的反复。管理体制改革方向不清，最根本的原因是虽然打破了高度集中的旧体制，初步改变了旧模式，构建了大农场套小农场的双层经营体制，但改革依然没有触动国有农场的产权制度。1985 年，全国农村改革试验区——绥滨农场先后办起了 3000 多个家庭农场，全部农机具折价 848 万元都卖给了职工。由于产权明晰，职工们精心保养和使用农机具，并舍得花钱投资购买新机具，到 1995 年，各家庭农场不仅还清了转让款，还自筹资金 2000 多万元，购置了一大批更大更新的农机，仅大型联合收割机就有 160 多台，每年职工"两自"费用达 3500 万元。农场卸去了包袱，集中了财力，办起了宏观发展的大事，先后投资 2800 万元，推进基础设施在农村的建设，建起粮食处理中心、农用收割机厂，改善交通、通信和福利设施等。改革前 8 年，这个农场有 6 年亏损达 1200 多万元，改革后 8 年，农场连年盈利，总额达到 1300 万元。

---

① 刘惠：《论北大荒精神的形成》，《法制与社会》2020 年第 5 期。

丰腴的自然资源是北大荒农业经济赖以发展的根本基础。3000万亩耕地和几千亩的牧地草原、山川林地、水面苇塘，农林牧渔副皆宜，但资源优势并没有完全转化为商品优势和经济优势。垦区种植业占农业比重长期在65%以上居高不下，近乎"一柱擎天"，单一的产业结构使得经济长期处于不均衡的发展状况。如果说，通过开垦荒原、建房筑路，在地图的空白上填写一个个国有农场的名字，是北大荒第一次开发，那么，实现由农业现代化的转型，实现由计划经济向社会主义市场经济的跨越，则是北大荒的第二次新生，它依靠的依然是勇于开拓的精神。

现代化国有农场的创建，是北大荒垦区事业发展的重要里程碑，生产专业化、生活社会化，是现代化农场的显著特征。北大荒沿袭几十年的生产方式、生活方式发生了巨大的变化，现代化大农场不再是由分散村落组成，而专业化则是现代化农场的特色，农业工人都集中到场部居住，场区内集中兴建商业、医疗、教育、文化等设施。普通的农业工人住上宽敞明亮的住宅楼，职工们驱车进入农场各生产作业区。这一切不是陶公笔下虚构的武陵胜地，而是北大荒人通过开拓进取、勇于改革而创造的实实在在的现代"桃花源"。

在家庭农场兴办成功后，北大荒人没有止步不前躺在功劳簿上睡大觉，而是进一步探索规模经营的新思路。1997年，九三分局进行土地适度规模经营试点，开始了农业改革的第二次飞跃。这次改革为发展现代农业，实施现代农机装备工程，加快农业标准化、栽培模式化奠定了重要基础。从2004年开始，垦区启动现代农机装备工程，由于大马力拖拉机作业半径不断扩大，相对落后的体制机制已经不再适合生产力发展要求，于是北大荒人开始进行撤队建区的改革，在三年之内，原来的2241

个生产队全部撤销，集中设立 600 多个管理区。这项改革压缩管理人员 1.27 万人，减少开支 4.6 亿元，极大地降低了农业的生产成本，提高了工作效率，减轻了职工负担，压缩了工作流程，推动了农业现代化进程。这是一次垦区体制机制改革的大胆尝试，取得了重要成果，为北大荒农业机械化生产模式的初步建立奠定了制度上的基础。

二是攻坚克难的技术创新。着力推进对外开放、打开垦区之门的北大荒人引进和利用外资、技术、设备增强了自己的实力，北大荒的农业机械化程度达到 95% 以上，机耕、机播、机收面积的比重在全国都居首位。

北大荒集团在不断学习新技术、新知识的同时，不忘进行自主研发与实践，在 2004 年建立了黑龙江北大荒农业股份有限公司七星分公司农业技术推广中心，用于农业技术研发与实验，截至 2020 年，已建成有力的科技团队，有核心试验区、智能温室，内设试验示范、成果展示、分析测试和信息服务四个中心，先后获得农业部授予的"全国农垦现代农业示范区"、全国农林水利工会授予的"五一劳动奖状"和中华全国总工会授予的"全国五一巾帼标兵岗"等荣誉称号。2011年由国家科技部正式授牌，成为黑龙江垦区目前唯一的国家级农业科技园区。取得的研究实践成果也颇为丰富，截至 2020 年，共完成各级各类科研课题 1000 余项，年均承担国家级科技支撑计划、星火计划、高产创建等项目 10 项。

英勇无畏的开拓者中少不了北大荒科技工作者的身影。勇气、毅力、卓识使他们终生不渝献身垦区的科技事业。北大荒人不会忘记这位长眠者——北大荒的"奶牛之父"张源培，这位 20 世纪 30 年代毕业于长春兽医大学、40 年代东渡日本留学的老知识分子，50 年代参加了国营农场的创建开发工作，曾任尔图种畜场场长、东北农垦总局生产处和畜牧处长等职。1963年5月，张源培接受发展奶牛业的命令，只带一套铺盖卷和一箱沉甸甸的书，风尘仆仆来到八五一农场任党委书记兼场长。这位北大荒奶牛业和乳品工业的奠基人上任后，爱牛如命，给畜牧队办班，他亲自授课，第一课的内容是"牛道主义"。无论走到哪里，他永远心系三尺牛棚中的一头头奶牛。他带领职工建起完达山奶粉厂，生产出完达山牌全脂奶粉。先后有无数科技工作者怀着坚定的理想信念来到北大荒，毅然投身于北大荒的科技建设中，在这里用他们的智慧才能为北大荒的建设呕心沥血，正是由于他们夜以继日的创新研究、开拓进取，才换来北大荒今天的科技发展成就。

（三）新时代发扬北大荒精神中的勇于开拓精神

北大荒精神的重要内涵是勇于开拓。勇于开拓集中体现北大荒人善于革新、敢破敢立、勇往直前、敢于担当的精神风貌和时代风采。70余年的开发建设历史和现实充分表明，北大荒之所以能够从人迹罕至的莽莽荒原变身为今日肩负国家粮食安全重担的大粮仓，就在于北大荒一代又一代的垦荒者在艰难创业过程中敢于向自身挑战，能够不断解放思想、破除观念束缚的条条框框，勤于实践、勤于创新探索，敢于突破、敢于闯。

新时代，勇于开拓精神的重要表现之一是创新。创新是引领发展的第一动力，是一个国家兴旺发达的不竭动力，也是北大荒事业永葆生机的源泉。在不同的历史阶段，北大荒人与时俱进，响应时代的号召，解放思想，积极探索，打破束缚创新的枷锁，培养创新思维，充分利用北大荒地区的比较优势，扬长避短，实施创新驱动发展战略，解放和发展生产力，将农业生产力发展融入国家发展大局，实现效益最大化。

改革开放以来，富有创新意识的北大荒人改变了传统的经营模式，建立了以家庭农场为基础、大农场套小农场统分结合的双层经营体制，激发了职工群众的积极性。20 世纪 90 年代初开始的以稻治涝的种植业革命使水稻面积由过去的 4.6 万亩上升到 1999 年的"双超千"。截至 2020 年，垦区粮食产量已经实现"十七连丰"，成为名副其实的"中华大粮仓""绿色大厨房"。新时代，北大荒人继承和发扬北大荒精神中的勇于开拓精神，加快农业科技创新，正在努力将北大荒打造成农业领域的航母。

勇于开拓精神要求尊重科学，遵循客观规律，基于此，黑龙江垦区在保护环境和珍惜资源的基础上，合理进行开垦种植，切实提高了竞争力、创新力、控制力、影响力和抗风险能力。新时代，仍然要继续坚定不移地弘扬北大荒精神中的勇于开拓精神，毫不动摇地坚持党的领导，抓住机遇，迎接挑战，充分利用振兴东北老工业基地等政策，开拓进取，大胆进行制度创新和技术创新。

第四节　甘于奉献：全国支援边疆

（一）甘于奉献精神的内涵及地位

甘于奉献的行为是指不求回报的付出，而甘于奉献的精神则是无产阶级人生观的一种表现，是共产党员价值观的核心要素之一，也是高尚职业道德的一种表现，具体包括：坚持全心全意为人民服务的根本宗旨，大公无私，克己奉公，鄙弃一切个人主义、利己主义、拜金主义和追名逐利的不良意识。在北大荒的开发建设中，北大荒人无私无畏，甘于奉献，牺牲小家奉献大家，用青春、汗水甚至生命，谱写了一曲曲生命赞歌。开荒者们胸怀捍卫、扎根和建设边疆的伟大理想，无怨无私，甘于奉献，最终将这片古老荒芜的黑土地变成了享誉中华的大粮仓。

▶ 20世纪50年代，农场进行脱谷生产

　　甘于奉献精神源自北大荒人有着崇高的责任感和使命感。在特殊年代，由于自然灾害，垦区粮食大量减产，如期完成上缴粮食任务就变得十分艰巨。北大荒人勒紧腰带，精打细算，按时完成任务。甘于奉献是北大荒人的一贯信念，他们急国之所急、想国之所想，用自己的生命和汗水诠释了对祖国的赤胆忠心。21世纪以来，保护生态环境成为垦区的重要责任和使命，同时意味着牺牲一些发展机会，黑龙江垦区为此做出了巨大的贡献。提出保护生态环境、发展绿色农业的新思路，禁止一切湿地、草原垦殖和毁林开荒活动，退耕还林，退耕还牧，退耕还草，退耕还湿；加大造林的力度，在多处建立自然保护区和自然保护地、生态农业试验示范点、绿色食品生产基地，使北大荒的生态环境得到明显改善。

不计得失、勇于牺牲的甘于奉献精神是北大荒精神的最大闪光点。马克思主义唯物史观认为人民群众是历史的主体，是推动社会发展进步的决定力量，社会意识来源于人们现实的实践活动。甘于奉献的奋斗精神是北大荒精神产生发展的必要保证，是北大荒人无私无畏、舍我其谁的道德风范，是北大荒人的最高价值追求，他们以公而忘私、不求回报的境界去开创北大荒宏伟的事业。在这片黑土地上，杰出的北大荒人将青春和一生都奉献给了北方荒原的开垦事业，不仅为北大荒带来了先进的科学文化知识，而且为古老的黑土地带来了无可代替的现代化大农业，在北大荒的开发和建设中留下了深刻的印记。[①]在北大荒建设发展中，数十万名转业官兵、支边青年、知识分子不图名利，任劳任怨，不计得失，燃篝火、战严寒、驱野兽、开荒原，将荒芜的漠漠大荒建成了现代化农业垦区，用实际行动践行了"献了青春献终身，献了终身献子孙"的钢铁誓言。

总之，那些来自全国四面八方的转业官兵、知识青年和地方干部等，积极响应国家号召，雄心勃勃、甘于奉献，怀着建设边疆的豪情

---

① 中共黑龙江省委党史研究室：《北大荒精神学习读本》，中共党史出版社2016年版，第153页。

壮志来到北大荒，挑战这片未开垦的黑土地，将青春无私地献给北大荒，在长达半个多世纪的时间里，为我们国家、民族的需要而无私地服务，他们遭受了艰难困苦，但始终把国家和人民的利益放在第一位，不计较个人得失，不求回报，献出自己的全部，始终怀有高度的责任感，在为人民服务和贡献社会的过程中实现生命价值的升华。

（二）甘于奉献精神的具体体现

一是事业的奉献。北大荒人承载着党和人民的殷切期望，伴随着新中国成立前后的艰难发展，历经三代薪火传承，终将昔日的北大荒变成今天的北大仓。在这块英雄的黑土地上，涌现出了无数杰出的儿女，他们为开垦北大荒献出了自己美好的一生。他们燃篝火，战严寒，驱野兽，开荒原，将建设北大荒视为唯一事业，将自己的一生都奉献给了自己的工作。为了共同的理想和目标，他们联合起来，成就了自己成就了他人，以奋发有为的精神风貌，开创了北大荒的农垦事业。从那时起，一代又一代的北大荒人矢志不渝、坚定不移地履行着守护共和国大粮仓的历史使命，忠实地守护着黑土地，用自己的忠诚和担当不断书写农垦现代化大农业的时代篇章。

一代又一代的北大荒人以国家需要为重，把国家利益和集体利益放在首位，顾全大局，不图名利、不计得失，把自己的知识、力量和青春奉献给北大荒，将荒芜凄凉的北大荒打造成富饶美丽的北大仓。一代又一代北大荒人致力于北大荒的建设，确保充足的粮食供应。他们甘于奉献，经过几十年的艰苦创业，使垦区从无到有，不断发展壮大，成为中国的粮仓和国家重要的商品粮基地。

二是青春的奉献。一代又一代的北大荒建设者不恋城市，毅然来到遥远的东北边陲，他们扎根在垦区，为祖国最需要他们的地方献出了自己的一生。三代北大荒人的共同特征是，绝大部分都很年轻。十四万复转官兵年龄普遍在二三十岁，他们在解放战争和抗美援朝战争中英勇作战，当国家需要他们时，他们毫无怨言，毫不动摇地来到北大荒，义无反顾地投身开垦北大荒的伟大事业，有的人一生都没有回过故乡。北京、天津、上海、杭州、宁波、哈尔滨等城市的几十万学生和知识青年来到北大荒时，小的只有十五六岁，最大的也不过 20 岁左右，他们迈向社会的第一步就是来到了祖国的东北边陲，他们用青春和汗水为垦区的繁荣发展作出了巨大的贡献，把最宝贵的青春献给了北大荒。支边青年和知识青年，他们不是军令如山的军人，但是，他们是"为党奉献一切"的精神品质最有力、最直接的继承者之一，他们以国家的需要为第一志愿，把接受党的挑选视为无上光荣。

在实践过程中，伟大的北大荒人将对国家的责任感、使命感转化为爱国主义、集体主义精神，转化为服务国家、造福国家的期望，并将其付诸实践。三代北大荒人甘于奉献，从青年时代开始到生命的终结，在征服莽莽荒原中，无怨无悔地奉献和付出，在困难面前放下小家，成就大家，用无价的青春浇灌了神奇的黑土地，让荒草丛生的蛮荒之地变为捍卫国家粮食安全的重地。垦荒英雄们的实际行动在漫漫历史长河中化为无形的精神力量，影响一代又一代的北大荒人、龙江人、中华儿女，这种无私的精神是北大荒发展的重要精神力量，不断推动北大荒的事业朝着更好的方向发展。

一代又一代伟大的北大荒建设者，怀着坚定的信念，为了理想，听从祖国的召唤，为了集体的利益，不顾个人得失，坚定不移地致力于北大荒的伟大开拓事业，在这里，他们投入了大量的时间和精力、辛勤和汗水，将自己的青春泼洒在这里，面对自己没有经历过的艰难困苦，他们从来不后悔，相反，他们积极适应艰苦的生活工作环境，毫无怨言，在艰苦的工作中磨炼出坚强的意志。甘于奉献精神的主体，不仅有怀揣战功来到北大荒的十几万官兵，也有支援边疆的数十万青年，更有一批批告别城市、选择服务祖国边疆的大学生。在甘于奉献的北大荒人杰出代表中，有一心垦区科研事业的徐一戎，有愿"终生为北大荒管天"的蔡尔诚，有荒山植树的孙俊福，有第一个个人出资购买世界先进设备的肖农……他们继承老一辈的拓荒精神，奉献自己的青春年华，又赋予北大荒精神以新的强音。

三是生命的奉献。在艰苦的奋斗中，有很多北大荒建设者因长期的劳累身患重病甚至牺牲，有的在开垦荒原的过程中被茫茫无际的沼泽地吞噬，有的在洪水中为了抢救国家的财产献出生命，有的在茫茫火海中失去生命，有的在军事演习中遇突发事故为保护战友而献身，有的在爆破之中为排除哑炮而牺牲，有的为抢救落水的学生毅然跳入水中而献身……他们用自己的理想信念和血肉之躯为北大荒谱写了一曲曲英勇牺牲、甘于奉献的英雄赞歌。

据统计，在第一代北大荒的开垦者中，有1万多人因公牺牲而长眠于辽阔而富饶的北大荒，将生命永远献给了这片神奇的黑土地。当年的垦荒者回忆起历历在目的往事时，流露着自豪、以苦为荣之情，北大荒人心中的榜样是那些为事业献出一切的千千万万个开拓者。北大荒人以一种不讲条件不计代价的大局观念和担当精神担起责任，充分体现了他们为国分忧、"国家利益高于一切"的精神境界，不计得失、勇于牺牲的甘于奉献精神将会薪火相传，筑牢中国粮仓。

▶ 20世纪70年代，黑龙江生产建设兵团收割麦子的场面

（三）新时代发扬北大荒精神中的甘于奉献精神

"献了青春献终身，献了终身献子孙"的精神就是北大荒人甘于奉献精神的真实写照。北大荒的开发史是一部用汗水、泪水和热血写下的历史，为了党和人民的利益，垦荒者经受了种种磨难，付出了沉重的代价，甚至把他们宝贵的生命献给了这块黑土地。在长达70多年艰苦创业的岁月里，垦荒者实现了他们献身北大荒、扎根北大荒的铮铮誓言。新时代，发扬北大荒精神中的甘于奉献精神，就应该做到以下几个方面。

一要爱岗敬业。爱岗敬业暗含着伟大的奉献精神，伟大出自平凡，没有看似平凡的爱岗敬业精神，就没有伟大的奉献精神。奉献没有职位高低之分和岗位大小之别，要在本职岗位上尽心尽力奉献智慧与力量，争取发挥先锋模范作用。要忘我工作，攻坚克难，以表率作用影响和带动更多的人爱岗敬业，甘于奉献，奋发有为。

二要淡泊名利。要以人民群众利益为出发点，主动融入人民群众，不计较个人的利益得失，有甘为人梯的奉献精神。在改革发展进程中，当个人利益与国家利益、集体利益发生冲突时，要发扬甘于奉献精神，勇于牺牲个人利益，维护国家利益、集体利益。

三要勇于担当。新时代要有新作为，新使命呼唤新担当。要把勇于担当作为坚持不懈的追求，大胆探索、敢闯敢试。要在学习中提升能力，在勤勉中提升能力，把工作抓得更准、更深、更实；要保持奋发有为的工作状态，充满锐意创新的勇气、敢为人先的锐气、蓬勃向上的朝气，在自身岗位上干出一番事业、作出一番贡献。[1]要继续发扬学习北大荒精神中甘于奉献的优良品质，为新时代黑龙江垦区的建设和发展提供不竭动力。

总之，北大荒精神是在实践中产生的，甘于奉献的情怀是北大荒精神的核心体现。甘于奉献是北大荒精神的最高要求，是北大荒人最神圣的价值追求，是垦区事业快速发展的原因所在。一代又一代的北大荒人，一直在为垦区的事业而努力奋斗。他们在工作中淡泊名利，不求回报，对党有无限的忠诚和信任，真正做到了奉献自己的青春，将自己深深扎根于北大荒地区。他们毫无保留地献身于国家的农垦事业，可以为党和人民奉献一切，甚至牺牲自己的生命。他们心甘情愿地放弃个人利益，只求最大限度地奉献。

---

① 鲁宏杰：《金凤鼓帆再远航——北大荒集团（总局）学习宣传贯彻习近平总书记重要讲话精神综述》，《中国农垦》2019年第1期。

　　综合来看，自力更生是北大荒精神的本色，艰苦创业是北大荒精神的核心，勇于开拓是北大荒精神的精髓，甘于奉献是北大荒精神的境界。北大荒精神的内涵十分丰富，需要一代又一代的后继者大力挖掘和深刻领会。中国特色社会主义进入新时代，更加需要高度重视北大荒精神。要将弘扬北大荒精神与新时代中国特色社会主义建设实践结合起来，不断丰富其内涵，与时俱进，为黑龙江垦区及广大边疆地区的振兴发展不断注入精神力量。

第三章

北大荒精神的重要载体

北大荒拓荒事业具有特殊的历史使命，不仅内生出重要的北大荒精神，也形成了独具特色的北大荒文化，成为社会主义建设史中一种十分独特的文化现象。北大荒文化集东北地区的军旅文化、20世纪的知青文化、历史悠久的移民文化和颇具地域特色的黑土文化于一体，表现出鲜明的个性。

20世纪四五十年代，大批转业官兵来到北大荒进行大规模开垦活动，促使北大荒文化得以快速发展。20世纪六七十年代数十万的城市知识青年来到北大荒，使得北大荒文化进入一个全新的发展阶段。大批城市知识青年涌入北大荒，为北大荒带来了较为先进的城市文化和城市文明，一定程度上提高了当地人民的文化素质和生活条件，并为北大荒文化的发展注入了独特的活力，为北大荒文化的繁荣提供了良好的基础。城市知识青年在返回城市时，也把北大荒文化带到了城市，拓展了城市文明的内涵。军旅文化与知青文化，深深扎根于北大荒这片广袤的黑土地中。如今的北大荒文化，是北大荒多年建设实践的产物，在漫长岁月里不断将军旅文化、知青文化、移民文化、黑土文化深度融合、重组。北大荒这片黑土地养育出以濮存昕、敬一丹、梁晓声等为代表的优秀艺术家、主持人、作家等，他们的作品具有一定的社会影响力，丰富了北大荒文化，同时提升着北大荒的亲和力与吸引力。

对于一种文化而言，不管是其传承还是发展，都需要一定的文化传播载体，北大荒文化善于依托当时社会特有的传播氛围，通过多种形式的文艺作品来传播和扩大影响。北大荒精神主要通过浪漫主义诗歌、现实主义小说、凝固艺术的版画以及生活艺术的影视等多种传播载体来传承与发展。承载北大荒精神的文艺作品大多是由知识青年中的作家、画家等创造出来的，他们从垦荒事业中的真实故事出发，采用现实主义的创作手法来进行创作，并将自身对于生活的体验与感悟、对社会的深入剖析以及浓厚的社会责任感融入这些作品。这些文艺作品生动地诠释了北大荒精神，为北大荒精神增添了号召力和感染力，已经成为研究北大荒精神的重要材料。

第一节　浪漫主义的诗歌

北大荒文学作品具有十分浓郁的地域特色，创作者们运用大量笔墨着重描写特定景物以及民俗风情，这一点在诗歌创作上表现得尤为明显。譬如："我们要大大的开垦／南至海南岛，北至黑龙江边／西至世界屋顶帕米尔高原／海地和山顶都可以种植／大戈壁沙漠要设法变成良田。"郭沫若的一首《向地球开战》，吹响了万千人民向北大荒进军拓荒的口号。人们在北大荒的开荒实践中，将文学的力量注入北大荒人的劳动中，用革命的、浪漫的、乐观的精神展现出宏大历史背景

下北大荒人民的卓绝拼搏。^①

北大荒开垦初期的诗歌创作，往往呈现出新与旧、荒凉与繁华的鲜明对比。鲁琪在他的诗歌《北大荒》中写道："千年荒、万年荒的北大荒 / 打倒了地主 / 踢翻了阎王 / 北大荒的男男女女啊 / 还了阳。"此句既表达出了对旧社会的深恶痛绝的感情，又表达出了对新中国的赞扬以及对未来美好生活的憧憬。钟山在《英雄凯旋回家乡》中写道："英雄边打着骏马飞跑 / 不住地向四处张望 / 处处都像是熟悉 / 又不同寻常 / 这儿过去曾是一片草原 / 在这给地主放过羊 / 怎么现在都开垦成了肥沃的土地 / 到处长满了大豆、高粱……北大荒的今天是这样的美好 / 北大荒的明天已闪现出曙光。"这显然沿袭的是新中国开发建设时期的颂歌情调。吴桐用笔将北大荒的今昔对比描写出来，在《北大荒，迈开英雄的步伐，前进》中，将北大荒塑造为一个千百年沉睡着的巨人站起来的形象，"伟大的新时代 / 东风压倒了西风"，"毛泽东的智慧 / 六亿人民的声音 / 唤醒了 / 这千年沉睡的巨人"。在这样一种审美模式中，政治抒情诗常常成为诗人较为青睐的一种写作形式。

在北大荒开发建设的火热年代，经历过残酷战争的转业军人们，前来追梦的城市知识青年们，积极抒发努力奋斗的豪情，大部分北大荒诗歌呈现出较为乐观的叙事基调。^②

北大荒诗歌创作者在写作过程中，往往以"歌"作诗，来积极描绘北大荒人的乐观情怀和吃苦耐劳的优良品格。周光磊的《北大荒之歌》中描述道："安上玻璃窗啊 / 冬天温暖夏天凉 / 没有地方睡 / 我们就用条

---

① 陈国屏：《歌唱黑壤大地的灵魂——论诗歌中的北大荒风格》，《文艺评论》1985 年第 4 期。
② 杨艳秋、叶子犀、沈鸿：《存在论视阈下的北大荒诗歌探析》，《文艺评论》2016 年第 2 期。

子编成床／铺上乌拉草啊／就像钢丝床一样""火热的生活就是这样／只要来到北大荒／懦弱的会变得坚强／只要来到北大荒啊／心胸会变得像草原一样宽广。"谌笛的作品也是如此，如《新的战歌》将开发北大荒同战争进行对比，"带上新的立功计划，开赴新的战场／当年是我们用血肉顶回了敌人的炮弹／如今要用我们的双手铲掉万里荒凉"。这种英雄主义情结的接续传承，成为大部分北大荒诗歌的内在情感线索①，这种英雄情调也为北大荒诗歌的未来叙事提供了一定的情感支撑。

在北大荒诗歌中，个人与集体的关系、自我与大我的关系等，都成为作者的主要关注点。例如，在谌笛的文学作品《城市姑娘爱上了北大荒》中提到，北大荒女性的审美水平得到提升，发生了从外貌美到内涵美的变化。"咱们军垦农场／来了五个城市姑娘／晒得黑黢黢／嗬！／真健康／真漂亮／全都是道道地地的姑娘／却都说自己有了对象！／要问谁是她们的对象／她们说'就是这壮美的北大荒！'"徐乃襄在《除大害》中写道："别沉默／别等待／人人奋发除大害／个人主义是妖魔／它是前进路上大障碍。"②

北大荒诗歌和一般意义的诗歌具有共同的普遍性，就是在理想与现实之间会采用诗情画意的描写手法，极具浪漫主义色彩。郭小川在他的作品《刻在北大荒的土地上》中写道："这片神奇的土地啊／而且是真理的园林！／它那每只金黄的果实呀／都像是一颗明亮的心／请听：战斗和幸福、革命和青春——在这里的生活乐谱中／永远是一样美妙的强音！／请看：欢乐和劳动、收获和耕耘／在这里的历史图案中／永远

---

① 孙云洋、陈爱中：《北大荒诗歌论》，《哈尔滨师范大学社会科学学报》2015 年第 5 期。
② 郑英玲、邹丽辉、李学林：《1958-1966 年北大荒文学的价值意义研究》，《佳木斯大学社会科学学报》2017 年第 4 期。

是一样富丽的花纹！ / 请听燕语和风声、松涛和雷阵 / 在这里的生活歌曲中 / 永远是一样悦耳感人！ / 请看：寒流和春雨、雪地和花荫——/ 在这里的历史画卷中 / 永远是一样醒目动心！ "优美的意象、铿锵有力的音韵加之颇具深度的诗学表达，为北大荒附上了特有的时代烙印。

　　北大荒诗歌除了生产相关的内容，还有很多关于生活的描写。在数量较少的描绘爱情的诗歌中，往往展现当时人们将爱情之花建立于事业之火上。比如："新娘子 / 小银花 / 提起她来谁不夸！ / 昨夜刚行结婚礼 / 今朝就把工地下 / 大家劝她先安家 / 银花马上讲了话：'……我怎能安心呆在家 / 水滴虽小能聚海 / 增加一人力重大'。"①

第二节　现实主义的小说

　　北大荒过于恶劣的自然环境，使得历史上无论是本地统治者还是外来侵略者、前来的拓荒者，都无法在此长久立足。新中国成立之前，对于北大荒开发历史的记录材料很难查询到。因此，开拓这块土地对于许多人来说，就像是天方夜谭。北大荒的自然环境为北大荒精神的形成提供了重要的环境基础。

　　在 20 世纪 80 年代，北大荒文学曾经陷入沉寂，北大荒垦区的干部群众提出要有足够经典的文学作品来反映北大荒的历史，来弘扬北大荒精神。而十分丰富的生活阅历、较为深厚的文化基础、强烈的文化意

---

① 孙云洋、陈爱中：《北大荒诗歌论》，《哈尔滨师范大学社会科学学报》2015 年第 5 期。

识以及作为北大荒人的骄傲，推动着北大荒作家韩乃寅迅速进入了写作状态，他用自己独特的叙述方式和写作视角对北大荒进行了深度开掘。北大荒成为韩乃寅长篇小说的地标，他以一以贯之的叙述风格叙述着属于北大荒人的故事，给北大荒这片黑土地增添了许多文化活力。韩乃寅将自身对北大荒的自然环境感受，融汇到他的北大荒文学作品中。韩乃寅从小跟随家人迁移到北大荒这片土地生活，一定程度上可以将其称为"土著"。他对北大荒很熟悉，也很清楚自然环境对北大荒精神的深刻影响，了解恶劣的自然环境不断考验着北大荒人的精神意志；想要在北大荒生存下去，北大荒人就必须有强大而旺盛的生命力；北大荒得天独厚的自然环境，不仅在身体上塑造了人们强壮的体质，在精神上也培养了他们乐观、豁达、毅力的精神品质。

想要成为顶天立地的北大荒人，先要从身体层面上经受得住严寒的考验。韩乃寅在他的著作《岁月》中描述了北大荒严寒又险恶的地理环境，由此赞颂北大荒人的顽强生命力。北大荒地处高寒地带，最冷时气温达零下40多摄氏度，寒冷的气温对于来自南方的转业官兵来说是一个巨大的考验。拓荒者初来时就面临着令人畏惧的寒冬，但他们依旧在天寒地冻中彰显着不屈的生命力。《岁月》中的人物王继善在大会上说："要当北大荒人，必须先让皮肉受这严寒的考验……这就叫作北大荒人的第一基本功。"韩乃寅的北大荒小说展示出转业军人在面对恶劣的自然环境时顽强不屈的生命力，以及他们不屈从自然的勇敢。

北大荒建设任务繁忙，老早就出工了，大晚上才回来，三餐就在地里解决，可人们仍有很高的积极性。但可怕的不是累折腰的疼痛，而是"早晨出工和晚上要收工前一个多小时那阵子，蚊子、小咬和牛虻，还有小刨锛儿，发疯似的叮你"，你"越痒越想挠，越挠就越痒，三挠两挠就破皮了"。身体上的苦痛锻造出第一代北大荒人坚强的品格以及艰苦创业的精神，为北大荒精神的形成奠定了必要的基础。

在韩乃寅的小说中，北大荒险恶的自然环境逐渐激发出人们的生命力。北大荒从原来的满目疮痍的荒地，到如今的具有蓬勃生命力的黑土地，这是拓荒者们持续不懈的努力换来的结果，是北大荒人的骄傲。

而作家梁晓声小说中的北大荒知识青年在不断考验着人的严苛条件下，高度发扬"一不怕苦，二不怕死"的精神，将心中壮志转化为现实中的行动力，积极参加劳动来拓荒荒地。他们致力于成为无悔于青春的北大荒知识青年，在这片土地上奋力实现人生价值。梁晓声运用精细的文字来描写险恶奇崛的环境，寄托对于北大荒这片土地的深沉感情。[1]

《这是一片神奇的土地》是梁晓声创作的短篇文学作品之一，作品中讲述了知青李晓燕作为连副指导员的生活，展现了知识青年普遍的生活状态。作品中的知识青年拥有强烈的集体意识和理想主义精神，不甘心接受垦荒失败、连队解散的屈辱。李晓燕带领着这些知识青年激情地宣誓："连队绝不能解散！"李晓燕说：可以继续去开拓，可以去向新的荒地迈进，我们只要过去就离它很近！我们立军令状！正是这些气势高昂、令人振奋的"军令状"，支撑着这些热血青年成为一个个昂扬奋进的垦荒者。"军令状"并非口号，它包含着能够推动

---

[1]　武孟超：《梁晓声北大荒知青小说论》，牡丹江师范学院 2017 年，第 58 页。

垦荒者垦荒成功的坚定信念。①

《这是一片神奇的土地》中的王志刚、梁珊珊等人在大荒原上抱着必将胜利的信念，在自己的青春岁月里辛勤拓荒，为后来的垦荒者做出了一定的积累。这些知识青年就这样用火热的青春，换来了北大荒这片黑色土地上的累累硕果。面对连绵不断的阴雨天、堵塞的交通、粮食匮乏的生存危机，梁珊珊为了缓解连队的危机，去追一只小狍子，希望为连队补充点食物。但不幸的是，她走进了鬼沼。王志刚把宝贵的逃生机会留给了别人。他坚持留在大荒原上，继续为连队寻找能够走出"鬼沼"的道路。终于，他找到走出"鬼沼"的道路，却在与狼群搏斗中不幸死亡。

作家王蒙在《热情和痛苦的果实》一文中写道："去了的人许多又走了，回到了他们来自的地方。"但是这些人已经不是来时的他们，他们带着北大荒精神离开了。他们感受到了庄严，变得严峻离开了；他们感受到了生命的力量，带着奋斗离开了；他们感受到了北大荒的开阔，带着北大荒的事业离开了。

丁玲是一位一手扶着犁、一手拿着笔的作家。以其创作的有关妇女命运的短篇小说《杜晚香》为例。《杜晚香》是丁玲创作的描述北大荒劳动妇女的传记形式的文学作品。作者在作品中不仅高度夸赞了劳动，而且还称赞了社会主义新人的成长历程，歌颂了新时代女性崇高、光辉的精神品格。杜晚香是丁玲笔下唯一的一个社会主义工农女性的艺术形象。杜晚香是一位由在普通农村家庭的少女成长起来的社会主义新中国的劳动模范。在我们党的教育下，像许多的新中国劳动

---

① 梁齐双、曲竞玮：《一曲失真的青春颂歌——梁晓声知青小说〈今夜有暴风雪〉的电影改编》，《文教资料》2018 年第 8 期。

妇女那样，"打开了心中的窗户"，成为一名共产党员。

1958 年，杜晚香只身前往边疆垦区与丈夫共同奋斗。杜晚香在北大荒的辛勤劳动中获得了人生价值的满足，实现了自身的理想。不久，她成为队上的、农场的、全垦区的标兵。她用自身的体会，为广大的工农作报告，将那些曾经驰骋于朝鲜战场的英雄说得心服口服。[①] 在我们党的教育下，广大工农女性已经日趋成熟，她们已经彻底摆脱掉了封建枷锁，虽然起步较为艰辛，但会朝着理想生活不断前进。杜晚香不计较个人得失、不知疲倦地工作着，虽然自己的双脚已经冻得发紫，依然敞开自己的胸怀去温暖别人的脚。在国家经济困难时期，她把捡来的粮食反复地扛到场院，从不拿回家里。她为我们展示了无产阶级战士美好的精神风貌和优良的作风，让我们看到一个已经解放了的农村妇女沿着社会主义建设这条光明大路前进的路迹，她的经历真实反映了几代人在理想主义召唤下挥洒热血的青春岁月。

第三节　凝固艺术的版画

北大荒版画兴起于 20 世纪 50 年代，它以开拓北大荒为历史背景，记录了北大荒的自然风貌和人民的生产生活情况，形成了独具东北特色和民俗文化特征的艺术形式。北大荒版画以其创新的风格和技法，

---

① 梁艳：《北大荒小说与北大荒精神：韩乃寅小说论》，牡丹江师范学院 2016 年，第 93 页。

极大地推进了中国版画艺术创作的发展，成为我国重要的版画流派之一。北大荒版画改变了我国木刻艺术的表现手法，以前是以黑白为主色调，现在用更多的色彩来增加版画的情感共情力。北大荒版画中的木刻版画大多采用层压胶合板，数千平方厘米的大屏幕尺寸让观者感受到更强的视觉和心理冲击，大大增加了艺术性，开创了版画创作的新视野，促进了版画的快速发展，提升了版画的魅力。

从创作主体和作品特征的方面来看，北大荒版画的发展可以划分成三个时期：1958 年到 1968 年为第一时期，1968 年到 1978 年为第二时期，1978 年至今为第三时期。

早期的北大荒版画在独特的历史背景和社会环境中产生。1958 年，一大批转业的美术工作者和美术爱好者，拿起手中的画笔和刻刀，将宝贵的垦荒戍边岁月拓印出来，而这一刻一印就是半个多世纪。由此北大荒产生了一批又一批优秀的版画艺术家，创作了一大批独特而又生动的版画作品，造就了一个美术学派——北大荒版画。[①] 在实践中，北大荒版画在内容上展现着激情的创业精神，在形式上展现着艳丽的颜色、豪气的刀法和多种套印方式，叙述着北大荒开发建设的壮丽故事。北大荒版画的画面劳动气息十分浓烈，再现了典型的北方农业场景。版画创作者们拥有着对于劳动与生活高昂的热情，并将独特的情感赋予版画的创作历程，用独具特色的艺术形式来充分表达对于这片广阔无垠黑土地的喜爱之情，用这种独特的方式保存下了北大荒的群体记忆。

十多万转业军人来到北大荒拓荒戍边，成为版画创作的重要对象。第一代北大荒版画的创作群体以晁楣、张作良等人为主。这一时期的

---

① 尚辉：《新中国版画的三次审美转换》，《美术》2009 年第 12 期。

作品在创作题材方面上偏重于北大荒的自然场景以及垦区的生活，整体画风充分表现出了一种壮美的特点。北大荒画家们在这一时期将人物动作姿态与自然背景融合起来，以此来表现画面的张力和军人独特的魄力。此时大部分画家受到军旅生活的影响，加之艰苦的拓荒戍边生活，他们的性格逐渐变得坚韧起来，这一时期的版画也呈现出较为粗犷的特点。以晁楣的作品《第一道脚印》为例，该作品充分描绘出了转业军人不惧凛冽的寒风，在北大荒中勘探侦察的情形。①

　　1968年，黑龙江生产建设兵团成立，数十万城市知识青年怀揣着心中的梦想，来到了北大荒这片广阔无垠的黑土地上。大多数知识青年来自大城市，这其中有很多是擅长版画创作的美术爱好者，这些知识青年很快就投身北大荒的版画创作，形成了以赵晓沫、周胜华为主要代表的第二代北大荒版画创作者群体，他们在第一代版画家的引领下创作出了知青时期的新北大荒版画作品。知识青年与转业官兵虽然有所不同，但两者在群体活动和个人生活两个方面仍有着许多共同的特点。该时期的版画画面拥有更大的尺寸和更为丰富的色彩，塑造出了更加精准的造型和更加宏伟的场面。比如周胜华的版画《冬之盛装》描绘了公路两侧积雪山坡上连绵不断的树林，这既突出了东北雪原的广阔险峻的特点，也呈现出北大荒人不屈服于恶劣的自然环境、勇于与自然环境做斗争的动人精神。②

　　这一时期，北大荒版画在前期大多围绕当时的建设主题来展开，后期逐渐开始偏重于表现知识青年的亲身感受和他们身上的青春朝气。

---

① 严丰：《北大荒版画风格演变研究》，哈尔滨师范大学2019年，第25页。
② 于承佑：《新时期的黑龙江版画》，《艺术·生活（福州大学厦门工艺美术学院学报）》2016年第4期。

"文化大革命"后期的版画作品，开始着重描述通过上山下乡不断成长起来的新一代知识青年，增加了不少的写实成分。北大荒版画虽然再现了知识青年们在北大荒生活中不断转变思想认识的过程，但在表述思想和情感这两个方面并未超出早期版画家的艺术范畴。因此，第二代作品是早期拓荒者身心巨大震撼的产物。

北大荒版画的第三个时期是从 1978 年开始，即改革开放后至今。此时的北大荒已经彻底转变为北大仓，北大荒人的生活以及北大荒版画发展的历史条件，均发生了巨大的变化。该时期的北大荒版画及后来的版画作品，在保留原有风格的基础上，大幅采用柔和的水印和丝网印制的形式，以此为观赏者营造出浪漫优雅的艺术感觉。这种拥有较为轻松表现形式的版画作品的出现，是北大荒版画的一个重要里程碑。比如邵明江的《远天》，展现了北大荒肥沃的土地以及大雁在广阔的天空中翱翔的情景。

20 世纪 80 年代之后的版画家在创作时开始不仅仅局限于北大荒，而是将目标置于地域范围更大的黑龙江，使北大荒版画的内涵变得更加深刻。①21 世纪初，北大荒版画迎来新的发展阶段。在这段时间内的版画创作群体，主要包含北大荒垦区的版画艺术家，以及黑龙江省内权威的版画艺术组织的成员和大专院校中的部分专家学者。他们各自从不同的角度表现垦区的生活，涵盖丰富的资源、广泛的乡镇建设、广袤的森林、辽阔的草地、美好的乡村生活等雕刻主题，创作空间更加广阔。

综合来看，北大荒版画将北大荒精神与东西方版画技术相结合，

---

① 尚辉：《新中国版画的三次审美转换》，《美术》2009 年第 12 期。

形成了具有北大荒特色的现代版画艺术。新时代以来，快速的技术进步和蓬勃发展的经济推动了艺术市场的回归和更新，北大荒版画进入一个在稳定中寻求进步、发展中谋求安稳的历史时期。北大荒版画具有普遍性、综合性的审美特征和艺术品位，这种个性更多传达的是一种特定的具有东北地域风格的文化特征。

第四节 生活艺术的影视

表现时代背景的影视作品，除了浓厚重彩地描绘了历史，也是对时代精神的赓续。以北大荒拓荒生活为题材的影视作品，具体宣传了在那个波澜壮阔的背景下，几代拓荒者满怀对党和人民的无限忠诚，勇于开拓、甘于奉献的精神。作品中的北大荒人忍受了常人难以忍受的艰难，坚持不懈，战天斗地，把青春和汗水抛洒在北大荒的土地上，唱出了勇于与自然斗争的历史赞歌。这类影视作品既从整体性的视角讲述这一段历史，又能够把人作为出发点和落脚点，全面展现历史活动当中的人，真正做到了为人民服务。这样的影视作品有着提高民族凝聚力的作用，其所呈现的中华民族代代相传的忠诚信仰和执着无畏的精神，是推动历史前进的原生动力。

20 世纪 60 年代初，播出了反映北大荒人开拓生活、戍边生活等的影视作品，反响热烈，比如《老兵新传》《北大荒人》两部影片，甚至影响了一代人对北大荒的认识。①

（一）北大荒相关电影

提到北大荒题材电影，《今夜有暴风雪》是较著名的一部。《今夜有暴风雪》改编自作家梁晓声的同名小说。影片讲述了 1979 年冬季的一个暴风雪夜，北大荒某生产建设兵团接到了知青返城的文件，但团长以为兵团保留青壮年劳动力为由头，强行扣压上级关于知青返城的文件。这一荒谬的命令引起了知青的愤怒，他们集体到达团部，决定以武力来争取返城的权利。在千钧一发时刻，主人公以国家的利益为重，他清醒地点出了某些人准备采取的行动的后果，平息了这场暴风雪般的混乱。

在这个暴风雪夜中有人为保护国家财产牺牲，有人在站岗时哪怕无人换岗也毫不犹豫选择坚守岗位，最终被冻死在寒冷的夜晚。十年的北大荒生活使主人公对这块融入了他的奋斗与青春的土地产生了浓厚的依恋，在返城的浪潮中，他毅然放弃了返乡的机会，选择继续建设和保卫祖国的北部边陲。电影刻画了知青身上的责任感和毅力、对理想孜孜不倦的追求和对祖国的一腔热忱，赞扬了一代垦荒者的吃苦精神和牺牲精神，以崇高豪迈的旋律揭示了生活的真谛。

（二）北大荒相关电视剧

《情系北大荒》与《兵团岁月》是两部优秀的以北大荒为题材的电视剧，分别讲述了转业官兵与知青在这片土地上寻找理想、奉献青春的故事。

---

① 刘云飞：《知青影视研究》，武汉大学 2015 年，第 89 页。

　　《情系北大荒》讲述了在新中国成立初期，十万转业官兵丝毫不惧北大荒恶劣气候条件，站稳脚跟，在北大荒上创造出一片新天地的英雄故事。该剧以某师尖刀营作为切入点，对转业官兵在北大荒披荆斩棘般的建设进行了一次讴歌般的回响，对这些创业先驱者的坎坷历程、心理变化、情感路线进行了一次栩栩如生的再现。主人公尖刀营营长郝豹是一位在战场上骁勇善战的战斗英雄，大气直爽，知错能改，不只自己完成了从轻视科技种田到重视科技种田的转变，还让大家欣然接受脱下军装转为农民的命令，带领大家大干特干，自己却积劳成疾，是可爱可敬的北大荒战士典型。故事的矛盾冲突引人入胜，除了人与人之间的矛盾，人与自然之间的矛盾也是表现的重点。转业官兵们冒着冰雪严寒和旱涝灾害辛勤劳作，狼群猛兽为战士们的生产生活增加了危险。① 正是在这种艰苦的环境下，开拓者们完成了北大荒早期的生产活动，在这片荒原上书写了开垦建设的史诗。

　　《兵团岁月》演绎了知青时期北大荒人的生活景象与兵团战士们的学习经历。该剧改编自李一波的同名小说，讲述了 1967 年到 1977 年，知青们在时代的潮流中上山下乡，在祖国需要的地方泼洒青春的故事。他们离开家乡，来到了遥远的北大荒，走进了林海雪原。这些青年通过奋斗适应了北大荒的生活，投身生产建设，在苦难的日子里历经坎坷，经受了理想与现实的多重考验，收获了成长。北大荒这片土地带给他们追梦的动力，正如结尾主人公所说的那样，他们感谢这片土地，因为这里有他们努力过的痕迹，有他们最亲的人，有最值得

---

① 教惟东、刘宇、李曦冬：《对电视剧〈情系北大荒〉的审美分析》，《当代电视》2010 年第 5 期。

放进心底的记忆。①《兵团岁月》描绘了逝去的青春年代与知青的满腔热血，展现了这段北大荒建设历史中的时代精神与希望。

（三）北大荒相关专题片

专题片《仰视你，北大荒》反映了北大荒经过了几代人的奋斗，已由昔日的荒海变成了如今的中华大粮仓。该片通过对北大荒开拓历程的描写，对北大荒的过去、现在和未来进行了鞭辟入里的剖析，对北大荒的精神和影响进行了战略性定位，以宏阔的视野、深入的探析、感人的事例，讲述了北大荒的拓荒历史，肯定了垦区发展的伟大事迹，篆刻了英雄辈出的北大荒群体，传播了历久弥新的北大荒精神。

第一代北大荒人积极响应国家政策，高唱"化剑为犁，解甲归田"的壮歌。他们从祖国各地来到了这片黑土上，开始了建设北大荒的历程。复转军人们在蚊虫缠身、野兽出没的艰苦条件下勘察原野、开垦建设。红旗挥舞处，奇迹般地耸立起新中国最大的农场群落，那时的北大荒处处显露着不畏艰辛顽强打拼的精神与斗志。

第二代北大荒人传承了前辈们自力更生的优良作风，在农业中引进了机械化技术，对农业建设进行了重塑与鼎新。垦区大力发展畜牧业，着力建设商品粮基地，用机械化大农业给国家交上了一份满意的答卷。

第三代北大荒人重视科技与人才的引入，在老一代技术专家的指导和年轻技术人才的研究下，北大荒3000亩土地取得了平均亩产超千斤的成就，在非典时期和汶川地震时期为北京和四川提供了充足的粮食储备。

---

① 韩乃寅：《岁月》，作家出版社2010年版，第51页。

影片展现了新时期的北大荒人加快把农业现代化与城乡一体化相结合，谋划发展路径，以包容的心态与奋发图强的精神建设祖国粮仓，为国家贡献自己的一份力，更让北大荒精神得到延续和升华。

新时代，赓续北大荒精神的载体更加丰富多样，除了上述的几种形式，随着互联网技术的飞速发展，出现了越来越多的以互联网为媒介的载体。北大荒精神中文化意蕴的挖掘更被重视，文化对一个地区发展的作用更加彰显。北大荒精神可以纳入文化产业、文化事业而挖掘和发挥其文化价值。不管是文化展示，还是文化经营，北大荒文化是以红色为基的文化、军旅为扩的文化、移民为创的文化、东北为根的文化，不管是北大荒的文化传播还是北大荒的文化产业，都应该保留北大荒文化的根本特征。

第五节　先进人物的典型

北大荒精神的形成和弘扬，离不开一批各条战线的先进人物。正是他们推动了北大荒地区各行各业的稳步发展，他们在北大荒建设的各个岗位成就了自己的精彩人生，诠释了北大荒精神。

一、寒地水稻专家徐一戎

徐一戎，1924 年出生，辽宁北宁人。1947 年毕业于东北大学农学院农艺学系。毕业后来到北大荒工作。"文革"期间被错划为右派，被迫回到老家。1979—1984 年，在黑龙江农垦科学院水稻所、作物所先后任高级农艺师、副所长、总农艺师等职，2014 年 5 月因病逝世。

在 1974 年至 1984 年间，徐一戎耗费 10 年的心力集中攻克技术难关，终于在不断研究和无数次的试验后，破解了在寒冷之地播种水稻并且实现每亩产量超过千斤的技术难题，创新了黑龙江省直播水稻栽培史上的单产最高纪录。他的多项科研成果使北大荒的水稻种植增加10% 的土地面积，实现了亩产 3.4% 的提高。曾获农垦部科研成果二等奖，并被黑龙江省人民政府授予水稻栽培技术推广奖。

在 1978 年至 1984 年间，徐一戎针对北大荒地区严寒阻碍水稻生长的问题，在不断研究中明确了寒冷之地的水稻播种、繁殖的界限时期、生育进程指标及长势长相，在国内第一次研发出寒冷之地水稻计划栽培防御冷害技术。这项技术提供了稻农防御低温寒冷灾害的一般处理方法，在北大荒内外都得到了广泛的传播和应用，帮助很多地方在水稻种植方面取得成绩，农牧渔业部因此授予徐一戎科研成果二等奖。

1984 年以后主要从事寒地水稻旱育稀植栽培技术的研究，先后攻克了寒地水稻旱育稀植"三化"栽培技术、寒地水稻优质米生产技术、寒地水稻生育叶龄诊断栽培技术，为黑龙江垦区乃至国家的水稻事业作出杰出的贡献。徐一戎毕生致力于北大荒的科研事业，被人民亲切地称为"北大荒水稻之父"。[①]

---

① 吴敏：《主人翁意识、爱国情怀与奉献精神》，《前进》2016 年第 11 期。

二、"亚洲第一农民"肖亚农

肖亚农，1966 年出生，土生土长的北大荒人。1985 年，肖亚农因为高考失利而落榜，打算回家务农。当时正值垦区开始兴办家庭农场，于是，他和干了大半辈子机务的父亲，东借西凑了 1 万元，从附近农村买回两台老式的东方红 75 拖拉机，租种土地 700 亩。父子二人花了 5 年时间，埋头苦干，辛勤劳作，在 1990 年又增加了三台机器，分别是拖拉机两台和联合收获机一台，他们借助机械的应用，实现了种植、管理、收割的机械化劳作，并将土地从 700 亩增加到 1000 亩。

1995 年，农场针对农民种植颁布了优惠政策，并且给予技术帮助，有机车的职工就负责种地，把土地开垦出来，帮助建立大规模型的家庭农场。肖亚农发挥自己的聪明才智，两年时间内实现了将近 40 万元的资产积累。接着他又投资 2.5 万元买回了大型液压耙。利用这台机器，全年可以极大地增加作业量，在此条件下，他又创产值数十万元，超越一般种植收入。2001 年荣获"北大荒十大杰出青年"称号，2002 年获"黑龙江省十大农民科技致富标兵"，2003 年在全国的种粮大户评选中获奖，2004 年获得"中国杰出青年"荣誉称号，2005 年获得"黑龙江省特等劳动模范"荣誉称号。因此，肖亚农被人们称为"亚洲第一农民"。①

---

① 金达仁：《难以忘却的北大荒知青岁月》，《中国农垦》2020 年第 7 期。

三、北大荒的"管天人"蔡尔诚

蔡尔诚，生于 1935 年，四川宜宾县人。15 岁参军，曾参加抗美援朝战争。1958 年 4 月，蔡尔诚跟随 0597 部队集体转业参加北大荒的建设事业。1966 年完成北京大学气象函授班的全部学业。

1966 年至 1974 年，蔡尔诚把区域降水前的现象表现构造为一个有机联系的系统链，提升了当地气象站的天气预报技术，这是国内第一个有关单站观天的科学技术；1975 年至 1995 年研究用波状低云预测暴雨，发现"北半球暴雨云型"，1996 年用此理论将美国龙卷风预测从美国国家中心的精度 135000 平方公里缩小为 30000 公里，预报提前时效从 3 小时延长到 8 小时；1996 年至 2005 年研究国际气象界公认难题长期天气预报问题，被欧洲最大的网上气象台——德国天气在线公司邀为特约长期预报专家，其科学发现被德国专家誉为"开山鼻祖"。出版多部著作，享受国务院政府特殊津贴，先后获解放军全军英模大会奖章、全国自学成才奖章、黑龙江省特等劳动模范、黑龙江省优秀共产党员等荣誉，在 1986 年获得劳动者的最高荣誉——全国五一劳动奖章。①

---

① 吴敏：《主人翁意识、爱国情怀与奉献精神》，《前进》2016 年第 11 期。

第四章
改革开放后北大荒的发展

在北大荒的开发建设中注定要诞生伟大的北大荒精神。自力更生、艰苦创业、勇于开拓、甘于奉献的北大荒精神是北大荒人在 70 多年的开发建设中用青春、热血、生命锤炼和创造出来的宝贵精神财富，是北大荒人在开发建设北大荒的艰苦历程中，形成的历久弥新的精神文化动力，是激励北大荒人在长期发展实践中，顺应时代新要求，与时俱进、继往开来、战胜困难、应对挑战的精神文化支柱，更是北大荒现代农业得以不断发展的思想保障。

北大荒精神对人们有着深远的影响，它始终潜在地影响和推动着北大荒人的行为和活动。在北大荒精神的引领下，改革开放后黑龙江垦区创造出了符合农垦实际的农业生产体系和科技体系，带动了周边地区农业现代化程度不断提高和农业农村经济快速发展，使黑龙江垦区成为我国农业现代化程度高、农业机械化程度高、农业劳动生产率高、粮食产量高的高端示范区。从北大荒到北大仓，再到中华大粮仓，继而到努力构筑"三大一航母"，在北大荒精神的推动下，北大荒焕发着勃勃生机。

第一节　改革开放的国际化

　　黑龙江垦区在带动北方寒地农业经济发展、坚持和完善我国基本经济制度、巩固国民经济基础方面发挥着重要作用。改革开放40多年来，在党的领导下，黑龙江垦区广大干部职工不断解放思想、更新观念，全面推进农业经营体制改革和垦区集团化改革，农垦管理体制和经营机制发生了深刻变化，形成了组织化程度高、规模化特征突出、产业体系健全的独特优势，成为国家在重要阶段靠得住、用得上的重要力量。北大荒开发建设者牢记习近平总书记嘱托，不忘初心、牢记使命，按照中共中央、国务院部署进一步深化农垦经济管理体制改革，全面建设现代农业大基地、大企业、大产业，努力形成农业领域的航母，奋力开创黑龙江农垦高质量发展新局面。

　　1978年，党的十一届三中全会胜利召开，将社会主义现代化建设作为全党的工作重点。垦区的历史也在这一时期翻开新篇章。事业的开端先从解放思想开始，整个垦区掀起了轰轰烈烈的思想解放运动，"解放思想，实事求是"逐渐深入人心。思想解放了，共识凝聚了，工作的中心就转到生产建设上了。垦区改革既有的企业管理体制，改革分配领域里的平均主义的工资制度，逐步改变垦区各级机构臃肿、行政效率低的状况，使上层建筑能够适应经济基础。垦区主要领导同志纷纷奔赴各条战线开展调查研究，深入实地调研，用事实说话，为垦区建设掌握第一手资料。在组织建设上，垦区响应中央要求，顺应时势撤销了农场革委会的组织形式，建成了省部共管、以省为主的管理体制，同年垦区生产力得到极大解放，产值由亏转盈，北大荒建设的变革任务稳步推进。通过联系自身实际，垦区作出了适合自己的调整，产业结构迅速优化，地区产值也显著增长，所有制结构变革在全国也属于前列。

随着生产中应用机械程度的提高，垦区劳动力配置得以优化。因此，在稳固国有经济的同时，垦区允许和鼓励自主经营和就业，这极大地调动了垦区各行业生产者的积极性，促进了垦区剩余劳动力就业，提高了垦区人民收入，也促进了垦区经济增长。不仅如此，垦区在发展方式上也加快改革脚步，推动从粗放型生产方式向集约型生产方式的转型和过渡。企业经营方针的调整等措施在很大程度上稳固了垦区经济的发展。在社会文化事业方面，垦区也作出了重大调整，取得了重要进步。在党的十一届三中全会精神指导下，垦区积极落实关于知识分子的部署，将教师队伍发展壮大；深入实施国家统一编写的教师教学学习大纲和教师教学计划，稳定教学秩序；逐步改革教学结构。根据国营农场发展的需要，发展专业大学和中等专业学校，全面贯彻教学、生产、科研三结合的办学方向，促进了垦区文化教育事业的发展。

1979 年至 2000 年，北大荒垦区的发展整体看主要经历了三个阶段。

初步摸索阶段（1979—1984 年）的主要特征是：北大荒人解放思想，主动推进北大荒的改革，进行营业模式转变，改革经济管理体制，由封闭逐步走向开放，为加快发展提供动力。在这个时期内注重四个方面的改革。一是优化产业布局和结构，推动农工商业融合性发展。垦区经济逐步步入本地化部署、专门化生产、集中化经营、系统化服务的轨道。二是促进对外开放，为农业现代化提供助力。邓小平同志、李先念同志、胡耀邦同志等先后参观了垦区，充分肯定了垦区引进和吸收国外先进技术和农业机械化、现代化的发展成果。三是落实财务合同制度，改革经营管理体制。1979 年签订财务合同时，实现上千万元利润，并连续多年保持盈余。四是实行劳动者承包责任制，试点家庭农场。制度变革后，垦区分拆农业劳动者 6 万余人，为各类项目的发展创造了人员条件。

深刻转型阶段（1985—1995 年）的主要特征是：黑龙江省垦区经济体制改革由试验摸索向积极推进、由个体突破向系统性转型。这期间的改革主要体现在四个方面。一是建立大农场和小农场两级管理体系。二是落实场（厂）长经理负责制和合同管理责任制。逐步建立起"主管可上可下，工人可进可出，收入可高可低"的激烈竞争机制。三是实施以"四户两理"（土地承包为户、核算为户、盈亏为户、风险为户，生产费自理、生活费自理）为特征的农业变革。不仅点燃了人们的热情，也提高了人们的安全意识，还减轻了农场的压力，让农场脱离困境。四是启动国家 100 亿斤商品粮建设项目，这标志着北大荒的社会生产力提高到一个新的水平，创造了行业领先的农业劳动生产率和粮食商品率水准。

快速发展阶段（1996—2000 年）的主要特征是：随着社会发展，黑龙江垦区在六个方面取得了飞跃。一是创新发展。尤其是体制机制方面。农业改革进一步深化，两级管理体制不断改进。国企改革和三年救助目标如期完成。二是战略结构调整采取新举措。作物面积明显增加，尤其是优质高效经济作物种植、天然绿色的食品和有机农业快速发展。三是农业产业化得以建立发展。"北大荒""完达山"等众多知名品牌享誉全国，并进入国际市场。四是开拓世界市场取得新成就。对外贸易的稳步飞速发展，进一步巩固了北大荒在国内外不可或缺的地位。五是小乡镇建设和各项社会工程建设取得新进展。六是党的思想建设和作风建设取得新成就。广大干部职工始终保持奋发进取、昂扬向上的良好精神状态，凝聚起了自我加压、负重奋进、不甘人后、努力争先和创造性地开展工作的伟大力量。

具体而言，改革开放后黑龙江北大荒垦区通过实行财务包干制度、兴办职工家庭农场、完善土地承包经营制度等措施，全面深化农业经营体制改革，积极探索垦区集团化新路，从注册成立黑龙江北大荒农垦总公司，到组建黑龙江北大荒农垦集团，再到北大荒农垦集团总公司的挂牌运行，实现了从行政管理体制向集团化经营体制的重大变革，走出国门谋求国际合作，走出了一条艰难曲折却又前景无限的国际化之路。从改革开放的宝贵经验中充分汲取养分，把握住历史发展大势，抓住历史变革时机，顺应历史前进潮流，解放思想，积极应变，主动求变，敢闯敢试，努力推动农垦改革发展。按照习近平总书记"建设现代农业大基地、大企业、大产业，努力形成农业领域的航母"的重要指示精神，坚持发展北大荒建设事业，扛起端起中国饭碗的重责，打造国际化大粮商，为北大荒创造良好市场竞争条件，扩大北大荒的世界影响力。

北大荒在建设过程中不断挖掘农村建设的良好经验，建成了以家庭农场为基础的双层农场经营体制，实现大农场统筹小农场的经营模式。从传统计划经济体制下的国家出钱、职工种地、盈亏由财政承担的国有国营模式，转变为以市场为导向，以承包、核算、盈亏、风险"四到户"和生产费、生活费"两自理"为主要特征的家庭农场经营模式，由国家统管统包的行政管理体系，转变为以大农场统一轮作计划、供应种子、机械配置、技术措施、作业标准、粮食处理"六统一"为主，各种所有制涉农经营主体全面参与的社会化服务体系，实现了经营者积极性与大农场有效管理的统一，充分发挥了国有农场既有的规模、机械、技术优势。

1994 年 4 月，黑龙江北大荒农垦集团总公司成立。农垦总局与集团总公司、分局与分公司实行"一套机构、两块牌子"，农垦总局所属 103 个农牧场和 65 家独立核算企事业单位为集团企业（子公司）。北大荒农垦集团总公司主要负责对授权范围内的国有资产运营和保值增值，是具有法人资格的经济实体，以黑龙江（北大荒）农垦集团总公司为核心企业组建黑龙江（北大荒）农垦集团，集团成员企业按资产联结程度相应进入，并要求集团按照建立现代企业制度的方向，理顺符合垦区实际和适应市场经济要求的管理体制和运行机制，逐步形成具有较强的规模经济优势和国内外竞争力的国家级大型企业集团。到 1997 年时，北大荒集团实现了 157.2 亿元营业总收入；实现利税 10.3 亿元，较 1993 年增长 6.9 亿元；集团总资产 252.8 亿元，较 1993 年增长 83.7 亿元。从 1998 年开始，黑龙江垦区对所属工商运建服企业陆续进行了两轮产权制度改革，实行"抓大放小、放开搞活"政策，全垦区 1960 多家国有企业整合为 360 多家。2002 年实现利税 10.4 亿元，比 1997 年增加 0.07 亿元。截至 2002 年末，北大荒集团总资产 352.9 亿元，比 1997 年增加 100.1 亿元。

围绕农业产业化经营调整优化产业结构，垦区构建起以"米、面、油、乳、麦"等为主的农业产业化龙头企业，形成了垦区工业的新格局。到 2007 年，北大荒集团营业总收入达到 274.9 亿元，比 2002 年增加 150.1 亿元；实现利税 18.5 亿元，比 2002 年增加 8 亿元。在 2007 年，北大荒集团的总资产达到 431.8 亿元，比 2002 年增加 78.8 亿元。到 2014 年，营业总收入比 2007 年增加 1083.9 亿元；实现利税比 2007 年增加 13.6 亿元；集团总资产 1880.3 亿元，比 2007 年增加 1448.6 亿元。

面对国际政治经济形势的不确定性，黑龙江垦区需要更加开放的国际化思维、更加专业的资本化思维、更加科学的原产地思维，推动现代化大农业发展，努力让中国饭碗装上更多中国粮食。面对复杂的国际形势，既要维护原来进口的基本盘，又要开发新的进口渠道，保障粮食既丰产又丰收。黑龙江垦区不断增强对外合作的强度和水准，出口 7 个大类 80 多种商品，与 60 多个国家和地区建立了贸易往来关系。不断提高北大荒品牌影响力、品牌价值和形象，将北大荒打造成国际知名品牌。天然、纯净、使命、责任是北大荒品牌成长的关键，北大荒要成为农业方面的航母级企业，就必须加快推动农业品牌在世界范围内的推广，为中国农业品牌赢得声誉贡献一份力量。垦区成立北大荒国际资产管理有限公司，是面向国际市场设立的极具专业化和代表性的全资子公司，也是北大荒集团走向国际化、打造新型国际粮商的先遣军。公司下设 3 个子公司，主要覆盖国际 (国内) 农产品贸易、投融资管理、产业资本运作、健康食品生产和研发、产业信息研究等五大领域业务。

垦区的进出口贸易历史可以追溯到 20 世纪 90 年代，那时出口的粮食作物以大豆为主，进口的产品仅仅是简单的生产资料和农机具。经过 30 多年的发展，垦区的进出口贸易已发展到包括机械设备、水产品、石油化工产品等数十个品种，无论贸易额还是品种都实现了极大的飞跃，进出口贸易成功实现了多元化发展。北大荒国际资产管理有限公司充分利用粤港澳大湾区的区位、资源、政策等多方面优势，以"自力更生、艰苦创业、勇于开拓、甘于奉献"的北大荒精神为指引，努力成为北大荒经济增长的强劲引擎，北大荒产业转型升级的新动能。面对市场经济时代的激烈竞争，尽管已经取得长足进步，但北大荒建设者仍旧选择勇往直前，以国际化的视野经营进出口贸易，通过实施"走出去"战略，放眼国际市场。

北大荒抓住全球产业结构调整的机遇，积极发展加工、销售等，引领行业发展，全面打造粮食生产基地，积极进入国际农产品市场参与竞争，成为世界农贸的新贸易商。北大荒在澳大利亚种植了120万亩澳大利亚小麦，生产了10万吨以上的粮食，这些粮食运回中国加工成面粉，再销往国内外农业市场。北大荒丰缘集团在生态环境优良的澳大利亚注册成立了丰澳农牧集团公司，主要从事农业种植、牧业养殖以及农产品进口等业务。

1996年后，黑龙江垦区抓住中俄战略协作伙伴关系的良好机遇，相继召开一系列会议，鼓励各分局和农场走出去开拓俄罗斯市场。北大荒人主动思考，积极利用自然地理环境，牢牢把握住在俄罗斯的农业发展机会。但是在开拓俄罗斯市场的初始阶段，面对的是尚不完全了解情况的陌生异国市场，没有中介机构或组织来牵线搭桥，在垦区也没有经验可以借鉴，只能摸索着前进。为了寻找对俄合作的突破口，垦区发动干部职工抓住一切可以利用的外联渠道，千方百计地与俄罗斯地方政府和企业进行对接。经过几年的努力和发展，截至2002年，垦区对外农业承包和劳务合作项目14项，总投资859.5万美元，派出劳务327人。

北大荒在俄罗斯的农业合作主要是承包当地土地，发展农作物种植以及水产养殖，其中绥化分局与俄隔江相望的嘉荫农场重新组建了边贸科，建立了全局对俄贸易的龙头企业。垦区各农场还通过挂靠对俄贸易专业流通公司签订了苹果、洋葱、胡萝卜等蔬菜种植及供货合同。和平牧场挂靠齐齐哈尔东科集团，对俄出口洋葱 2 万吨，金额 1120 万元；安达牧场挂靠绥芬河万通公司，签订了对俄出口 5600 吨蔬菜供货合同，金额 450 万元。整个垦区对俄出口蔬菜达 68.9 万美元，同时与俄的农业开发商达成多项交易。2002 年，北大荒重点建设了三个农场，分别是洪河、鸭绿河、二道河农场，这几个农场率先实现在俄罗斯比罗比詹市种植农作物大豆 1.5 万亩的土地面积，输出劳动者服务人员 30 余人。

为了做好相关工作，建三江分局主要领导先后五次带领各农场主要领导到俄罗斯比罗比詹市进行实地考察调研，通过学习考察为广大干部职工带来了灵感，拓宽了思路。经过与俄方的反复交流磋商，洪河、鸭绿河、二道河三个农场齐头并进与俄罗斯比罗比詹市签订了承包 666.7 公顷土地的协议。尽管数量不太多，但是走出了国门，成为具有里程碑意义的一件大事。该分局通过在俄罗斯的贸易，形成了对俄经济贸易往来交流的良好局面，实现了同国外市场的广泛接触。

21 世纪以来，在加大传统农业境外合作开发的基础上，黑龙江垦区以培育、壮大外贸主体为抓手，强力提升产业化龙头企业的对外贸易能力。北大荒的商业贸易团到委内瑞拉、菲律宾、阿根廷等矿产资源丰富的国家去，加快形成现代化的贸易运输集团，助力北大荒集团走向世界舞台。经过几十年的打拼，如今，垦区在俄罗斯、朝鲜、澳大利亚、巴西、哈萨克斯坦等 23 个国家和地区注册公司 33 家，产业呈多元化发展态势，产业链条更是由优势农业延伸到加工业、畜牧业、木材采伐、矿藏开采、贸易流通、现代物流网络建设等多种行业，一个国际化的垦区逐渐呈现在世人面前。

第二节　二次创业的现代化

　　1947 年，北大荒人开启了第一次创业的光辉历程，承担起了戍守边疆、支援国家建设、保障粮食生产的重担。如今，在北大荒人用 70 多年的心血持续浇灌下，北大荒已成为一个具备 440 亿斤粮食综合生产能力和 400 亿斤商品粮保障能力的大粮仓，起到了保障国家粮食安全的压舱石作用。从亘古荒原到国家重要商品粮基地，经历 70 多年沧桑巨变的北大荒已经成为中国农业现代化先进生产力的代表。

　　黑龙江省垦区积极服务国家战略，建设国际粮商，参与全球农业竞争，他们在农业农村部，以及黑龙江省委、省政府的领导下，带领广大垦区干部职工，破除体制机制困境，加快发展，增强企业竞争力，开启"二次创业"之路。经过黑龙江省垦区 40 多年的努力，已发展成为全国农业耕地面积和规模最大、机械化水平最高、综合农业生产能力最强的国家重要商品粮基地。

　　1978 年，黑龙江垦区农业生产力水平还偏低。当时垦区的农业单产过低，总产过少，一产过大、二三产过小，没有体现出农业规模经营的优势，与国外比差距巨大。1978 年垦区粮豆总产 46.9 亿斤，亩均粮食产量 204 斤。虽然对比 1949 年，黑龙江垦区粮食总产（19.7 亿斤）增加了 1.3 倍，亩均单产（90.7 亿斤）增加 1.2 倍，但这一水平不仅远低于世界平均水平（300 斤以上），与黑龙江省、全国的亩均粮食产量（275 斤、337 斤）相比，也有不小的差距。垦区年度上缴国家商品粮只有 20.9 亿斤，粮食商品率仅为 44.6%。从这个意义上说，改革开放前黑龙江垦区的经济优势、规模优势和"国家队"优势远未得到发挥，巨大潜力远未释放，处于低谷徘徊状态，这表明国家屯垦战略在黑龙江垦区面临发展战略转型的历史拐点。

1979—2000 年，黑龙江垦区渐渐成为世界性粮食综合产出的领跑者，主要表现和特征是：农业生产力水平实现高速度飞跃式增长。农业单产较高，总产较多，一产较大、二三产增大，开始体现出农业规模经营的优势。2000 年垦区粮豆总产由 1978 年的 46.9 亿斤增至 162.8 亿斤，亩均粮食单产由 204 斤增至 597 斤，不仅分别高于同期黑龙江省、全国亩均粮食单产（432.3 斤、568.2 斤）165 斤和 29 斤，也一举扭转了因一季生产、亩均单产长期低于全国的被动局面。黑龙江垦区近 21 年粮食产量增幅（1.93 倍）也高于 1949—1978 年 30 年间垦区亩均单产增长（1.26 倍）67 个百分点。2000 年，黑龙江垦区年度上缴国家商品粮由 1978 年的 20.9 亿斤跃升至 128.7 亿斤，增加 5.2 倍；粮食商品率也由 44.6% 跃升至 77%，增加三成以上；而粮食作物播种面积由 2295 万亩仅升至 2728 万亩，增加（400 多万亩）不足两成。以上表明在这一时期，黑龙江垦区生产力得到了较大释放，粮食综合生产能力迈上了新台阶，开始成为全国粮食商品率最高的地区，也表明国家在黑龙江建设全国最大屯垦基地的战略决策大见成效。

1979—2000 年，北大荒作为中国农业现代化之路上的领先者走在前面，其主要特征和标志是：农业机械化、水利化、现代化水平跃居全国前列。2000 年，黑龙江垦区水稻田间作业综合机械化率达到 66%，农业机械总动力由不足 150 万千瓦提升至 330 万千瓦以上，在耕地面积分别仅占黑龙江省 15% 和全国 0.15% 的情况下，黑龙江垦区农业机械总动力分别占全省与全国 21.6% 和 0.7%，表明黑龙江垦区农业机械化率完成了由低于全省、全国，到高于全省、全国的历史转变；先后建成了 3 万亩、30 万亩、300 万亩现代农业示范区，最终完成了 2000 万亩耕地的现代农机装备任务，使黑龙江垦区的农机装备始终处于国内领先水平。这表明国家对黑龙江屯垦事业的支持力度不断加大。

1979—2000 年，黑龙江垦区成为世界性农场体制改革的探索者，其主要特征和标志是：黑龙江垦区改革走在全国乃至世界前列。渐进推行家庭农场包干到大农场套小农场的双层经营体制，以及农场企业化、垦区集团化、股份多元化和农业现代化为代表的系列改革，进入全国前列。哪条发展道路更适合黑龙江垦区的现实情况，能充分展现黑龙江垦区的各项优势，就走哪条发展道路。黑龙江的土地开垦是一个亟待解决的严重问题。1984 年 8 月，胡耀邦同志实地考察，提出在黑龙江省垦区经营家庭农场的改革思路。1998 年，黑龙江垦区已拥有耕地 3000 万亩，人口 156 万，生产总值达 145 亿元。在这种探索创新中，建立了"大农场创造家庭农场"和"大集团创造大农场"的管理机制和运作模式，充分体现集权与分权。这种有别于美国家庭农业模式和中国农村家庭承包制的"一统二分模式"，形成了北大荒的"制度优势"，确立了"制度优势"。

1979—2000 年，黑龙江垦区逐渐成为国家屯垦之路的世界性成功者，其主要特征和标志是：黑龙江垦区的农业生产力在某些领域处于世界领先地位。2000 年，黑龙江垦区实现生产总值 145.7 亿元，人均生产总值 9288 元（约 1500 美元），分别高于同期全国（7858 元）18% 与黑龙江省（8294 元）12%；黑龙江垦区农场职工家庭人均纯收入达到 3337 元，分别高于同期全国农民人均纯收入（2253 元）48% 与黑龙江省农民人均纯收入（2148 元）55%。黑龙江垦区人均生产总值和农场职工家庭人均纯收入实现由低于黑龙江省与全国到高于黑龙江省与全国的历史性转变，从经济上验证了黑龙江垦区的体制机制适应生产力水平的发展，体现了黑龙江垦区开始成为中国农业先进生产力的代表，佐证了黑龙江垦区跻身国家屯垦之路的世界性成功者行列；在关键节点上实现了从北大荒到北大仓的历史性变化，取得了中国乃至世界开荒史上的巨大成就，实现了农业发展和社会经济的良性循环。

2000 年以来，黑龙江垦区面向 21 世纪，促进北大荒集团在农业集约化程度、科技应用和机械装备水平等方面都走在了全省甚至全国的前列。围绕"1213"战略布局，集团勾勒垦区现代农业发展形态，建设一流标准体系，打造优势产业集群，推动现代农业实现高质量发展，全力向"三大一航母"的奋斗目标进发。北大荒垦区在农业现代化发展中实现重大突破，农业从这一阶段起得到更好的发展机遇。农业基础设施和机械化投入快速加大，教育、科技、推广方面的投入不断增强，前期投入已经开始见到明显的效果，大马力的大型农业机械已经开始普遍使用，为农业的规模经营和农业生产效率的提高打下了坚实的基础。垦区的农民收入和土地产出率大幅度提高，农业开始走上产业化发展道路，开始关注可持续发展问题。吸取国内外农业发展经验，以机械化、集中化、规模化、生态化作为农业现代化的内在要求；垦区率先进入农业现代化的初级阶段，成为我国农业现代化建设的排头兵。

▶ 2013 年夏季，红星农场职工驾驶飞机对农田进行作业

2018 年，北大荒集团营业收入增至 1160 亿元，垦区居民人均可支配收入 28789 元，粮食产量 2279.5 万吨，商品粮 2165.5 万吨，年产量连续 8 年稳定在 2000 万吨以上，奶牛存栏 11.8 万头，肉牛饲养量 17.8 万头，生猪饲养量 220.5 万头，禽类饲养量 6864.6 万只，肉类总产量 27.4 万吨，禽蛋产量 3 万吨，牛奶产量 37.6 万吨。北大荒成为中国的稳定的大粮仓，只要国家出现粮食方面的突发情况，北大荒完全可以展现出至关重要的保障作用，成为人民信任、对人民负责的饭碗。北大荒集团以农业生产、精深加工、销售及相关服务业为主业，实行多元化经营，打造了米、面、油、肉、乳、薯、种等支柱产业，形成从田间到餐桌的完整产业链条。

北大荒集团下的完达山品牌，创造性地走上"从牧场到餐桌"的全过程系统链接的管理模式，增强对机械化大规模农牧场基地的建设，在农牧业的各个领域和环节实现产业一体化发展、生长基地的扩展，并且生产得到现代技术的配置，既保障了完达山乳制品在生产过程中的环境安全，又提升了生产效率。"现代农业＋旅游业"已成为独特的亮点之一。[①]

北大荒集团作为中国农业现代化发展的领跑者，不断研发新技术，并在农业生产过程中，智能地使用高科技。2019年春季，北大荒九三分公司借助搭载了北斗导航系统的航天智慧农业系统，精准控制播种机的自动播种和施肥，实现每千米驾驶差错在2厘米之内。2020年，北大荒集团位列中国企业500强第161位，"北大荒"品牌位列中国500最具价值品牌第52位、亚洲品牌500强第95位，领跑中国乃至亚洲农业类品牌。[②]

▶ 2021年，宝泉岭农场在现代农业产业园重点打造科普示范基地

黑龙江农垦作为我国农业现代化的国家队和主力军，始终发挥着示范引领作用。但由于历史上长期依靠行政推动和相对封闭的发展模

---

① 章磷、姜楠：《北大荒集团现代化大农业发展研究》，《农场经济管理》2020年第11期。
② 关利杰：《传承北大荒精神 推动垦区振兴发展》，《北大荒日报》2020年1月14日。

式，也存在一定程度的思想保守、体制僵化、机制不活、负担沉重等诸多问题。改革是对现实的变迁，是推进社会发展的途径。唯有以改革开路、以改革引路、以改革筑路，在体制机制上脱胎换骨，方能为发展打通关隘、清扫障碍、架设桥梁，实现黑龙江农垦的涅槃重生，为北大荒发展增续强劲动能。面对国际农业领域新形势和国内经济发展新常态，黑龙江省垦区把深化改革、加快发展作为贯彻习近平新时代中国特色社会主义思想的具体行动，把握中央农垦改革精神，描绘垦区发展蓝图。

进入新时代，北大荒垦区贯彻落实习近平总书记"要深化国有农垦体制改革，以垦区集团化、农场企业化为主线，推动资源资产整合、产业优化升级，建设现代农业大基地、大企业、大产业，努力形成农业领域的航母"的重要指示精神，推进改革。为把发展潜能进一步激发出来，把发展优势进一步释放出来，坚持促改革与抓发展"两手抓两手硬"，通过"敢于啃硬骨头"的"闯"和"摸着石头过河"的"试"，在破浪前行的伟大航程中扶正航向、增强驱动，义无反顾地向着形成"农业大航母"的目标砥砺前行。

思想观念影响改革的进程，决定着改革能否成功。从 2017 年 9 月开始，黑龙江垦区举办了学习贯彻习近平新时代中国特色社会主义思想，以及解放思想大讨论、解放思想促改革主题教育等活动，开展了干部职工改革思想动态专题调研，并多次召开总局党委理论学习中心组集中学习（扩大）会议，深入各管理局督导解放思想促改革活动，形成了全垦区干部职工支持改革、拥护改革、投身改革的氛围，营造改革持续向前推进的良好态势。2017 年 12 月 6 日，北大荒农垦集团总公司召开新体制运行动员大会，标志着垦区集团化和农场企业化改革迈出关键一步，进入实质性操作阶段。北大荒集团成为北大荒农垦航母的主要构成部分，形成了以北大荒总部为主导、以产业公司集群为支撑、以农（牧）场公司和生产基地为保障的完整经营体系。北大荒集团的主公司管理着北大荒的资源和国有资产。集团组建了新体制运行工作领导小组，从全垦区选拔 100 余名优秀干部，组成发展战略组、财务组、大项目组等 11 个工作组，按照现代企业制度模拟运行。

北大荒集团下的完达山品牌，通过高度机械化智能化的生产，在提高生产效率的同时也保证了乳制品过硬的品质。在完达山乳业产品展厅里，用手机扫描瓶罐上的二维码，奶源、生产日期、生产商等 34 项与产品质量相关的追溯信息就清楚地显示在手机屏幕上。北大荒旗下的完达山投资了 2500 万元人民币，并向产品的质量可追溯性系统和婴儿配方奶粉的配方信息迈出了重要步伐，以确保消费者可以看到、可以信任。集团的绿色食品证书和延续数量达到了新高度，拥有 116 家企业和 310 种产品；集团有 62 个原材料基地，基地面积达到 0.15863 亿亩，为创建智能绿色厨房提供了强劲的支持。

为了建成绿色智能厨房，北大荒集团投入了多项资金，建立大型基地，并制定了《垦区绿色食品有机食品基地建设管理办法》《垦区农产品质量安全体系建设实施方案》等政策文件，努力建立具有环境监管、生产规范、运营良性、产品保质、抗压抗险，正直正面的农业和安全系统。2019 年 6 月，世界品牌大会暨 2019 年（第十六届）中国 500 最具价值品牌发布会在北京举行，黑龙江北大荒农垦集团三大品牌——"北大荒""九三""完达山"再次携手荣登中国 500 最具价值品牌排行榜。自 2004 年该榜创立起至 2020 年，"北大荒""完达山"

已连续 16 年上榜，16 年来，"北大荒"品牌价值已增值 44.06 倍。①

如今，北大荒集团已成为国家级生态示范区，可以生产超过 400 亿公斤粮食，并且生产能力足够稳定。北大荒集团勇挑中国粮食安全的重担，可以应对紧急情况。北大荒集团拥有国家最大的农场群，机械化最高，粮食及农业综合生产能力领先全国，北大荒集团农业机械化率、科技贡献率、劳动生产率、土地产出率以及信息化和智能化水平等均已接近或部分达到了发达国家水平。2017 年北大荒集团农业人均劳动生产率 19.7 万元，比黑龙江省高 2.1 倍，比全国高 3.7 倍；北大荒集团土地亩产出 1103.4 元，比黑龙江省高 1.3 倍，比全国高 1.4 倍。北大荒集团人均粮食的生产水平全国第一，粮食商品率达到领先水平。

▶ 2019 年，北大荒股份八五四分公司系统培训无人机技术，推动农业数字化发展

为确保食品的安全和重要农产品的数量，北大荒集团加强农产品

① 关利杰：《传承北大荒精神 推动垦区振兴发展》，《北大荒日报》2020 年 1 月 14 日。

的质量和安全系统的建设，并建立了食品安全的"双重保险"。北大荒倡导绿色可持续发展模式，以确保农产品的质量和安全性，并不断扩大生产规模，推进机械化和生产设施更新，促进生产的标准化和模型开发。在北大荒农业发展的道路上，通过信息和智能技术提供更完善的服务，形成一条完整的农业工业链，一条从田野到餐桌的价值链和业务链，已成为农业可持续发展的可靠基础。

第三节　特色鲜明的小城镇建设

加速特色小城镇的建设是高质量发展的有效路径之一，对于我国的经济战略转型以及新形势下城市化建设具有至关重要的作用。北大荒特色鲜明的小城镇建设对垦区发展起到了极大的推动作用。在 2019 中国优秀旅游品牌推广峰会上，黑龙江垦区的七星农场旅游名镇、八五三雁窝岛旅游度假区、当壁镇兴凯湖旅游度假区分别被评为中国最美旅游目的地、中国最美绿色生态旅游景区、中国最美休闲度假旅游景区。国内最大的单块水稻地号即建三江万亩大地号、五常市稻花香生态旅游体验区、"全国花卉生产示范基地"北大荒现代农业园等科技感十足的现代农业旅游地，带来宁静、便捷、高科技的现代化乡居生活体验。欧式风格的海林农场、极具区域特征的三江花园农场，得到很多欣赏和赞誉。

黑龙江垦区以北大荒精神资源优势为底蕴，依托北大荒特色小镇，开发"北大荒现代农业王国之旅""北大荒知青故地游""北大荒绿色生态游"三条精品特色旅游项目；按照"一点三线"的战略布局，依托镜泊湖、兴凯湖、五大连池等省内名胜景区，开发"王震将军陵园"、"农业生态园"、"北大荒博物馆"、"北大荒开发建设纪念馆"、雁窝岛观鸟别墅群等军垦文化景点；开发"乌苏里江风光游""俄罗斯民俗民情游""东方第一岛"等边境景点。垦区还有很多文创产品，比如有历史意义的北大荒版画、地域特色的冰雪画、高难度的鱼皮画和牛皮画、陶瓷风光彩盘等旅游纪念品。

　　肇东市借助黑龙江垦区的北大荒通用航空产业园资源，加快打造全省知名"航空小镇"。航空科普文化产业园已对外开放。肇东北大荒机场共设 43 个停机位，可为大量支线公务机及通航飞机的飞行提供优质的地勤服务；正在发展以小镇为代表的湿地游、俄罗斯风情小镇为代表的俄罗斯风情游、东北亚温泉为代表的休闲游和以北大荒现代农业园为代表的农业观光游。

　　黑龙江垦区海林农场周边是广袤的大森林，具有 1.58 万平方公里的范围。整体来看，它坐落在大山之间，林子众多，水源清澈，看上去很像北欧的地理环境。海林农场不仅是美丽乡村的一部分，还是"北欧式"的旅游小镇。今天的海林农场，已经发展成为北大荒的一颗明珠，一个幸福小镇。农场的全民健身活动中心，有文化、娱乐、体育活动等多个区域。多功能的大厅有篮球、羽毛球、排球多个场地台，会场的座位是全自动的，电动拉开就是标准的阶梯式座席，便捷实用。海林农场通过自主品牌"大荒明珠"，主打绿色有机农产品，助推农旅融合和私人订制的营销模式，让绿色大厨房成为现代健康生活的保障。①

　　黑龙江垦区五九七农场建设的 3 万亩果林基地，成为东北地区规模最大、标准最高、效益最好的寒地水果栽培基地，获得国家级"金红苹果标准化示范场"荣誉，被中国市场学会命名为"中国长林岛优质金红小苹果系列果品生产加工之乡"，完成了龙垦杏地理标志认证，"寒疆果"商标进入垦区知名商标行列，成为首批"北大荒文化建设示范区"，荣登"中国避暑小镇百佳榜"。

　　黑龙江垦区红兴隆管理局的农业劳动者多居住在香槟水岸，那里是阳光、绿树、鲜花环绕着的风景不凡的住宅小区。它是曾经获得联合国颁布的人居署最佳环境范例奖的社区，但并不是北大荒专门推举出来的一个小区，而是数百个农场小城镇社区中的一个。友谊农场是 20 世纪 50 年代兴建的第一座现代化国营农场，是国内外知名的明星农场。然而，农场职工的现代化生活与黑龙江垦区的大多数农场一样，直到 2008 年才开始。农场职工尹丽丽在搬到新房之前，离场部有 20 公里远。她住在没有水和内部浴室的平房里，生活非常不方便。为解决居民分散、人口不集中、重叠建设问题，改善从业人员居住条件，留住现代农业人才，垦区 2008 年开始大力推进"撤队并区"，整体搬迁居民点，新居民点集中在农场周边。历经三年，新建房屋及配套设施达到 0.26 亿平方米，占前 60 年建筑总量的 75%。

　　北大荒垦区让一线的劳动者在城镇化进程中，体验到与城市居民相同的福利待遇和保障。住在平房的大部分农业工人搬迁到高层建筑物中，人均居住面积高于全省，自来水供应率超过全国水平。垦区的

---

① 关利杰：《传承北大荒精神 推动垦区振兴发展》，《北大荒日报》2020 年 1 月 14 日。

教育服务不仅注重提高小初高的学校教育水平，还考虑到学龄儿童的教育覆盖面。北大荒的医疗设备配置发生重大变化，由少量的医疗仪器变为较多的医疗仪器，医疗室也由小变大。随着居民文化生活水平明显改善，北大荒拥有博物馆、图书馆上千家，互联网、广播电视走进每个家庭。

黑龙江垦区主动实施城镇化建设。在几代人的艰辛付出下，近年来逐渐形成了一批基础设施完备、服务功能齐全、人居环境优良、建筑风格独特的小镇，成为其所在区域的政治、经济、文化中心。具体而言，包括驻留九三、三江、红兴隆、宝泉岭等中心区的城镇，二道河、军川农场、红河等现代农业兴旺的城镇，铁力、新华农场等以城市经济为中心而衍生服务贸易的城镇，八五一一农场和七星泡农场等较发达的小城镇。其中，建三江小城镇被评为全国城镇化建设的示范城镇，宝泉岭农场被列为国家重点的城镇化建设的试点区域，军川农场也被划分为国家城镇化的模范区域，成为全省城镇化发展的榜样。

黑龙江垦区着力推进城镇化建设，使农区面貌发生了巨变。一栋栋高楼拔地而起，一片片绿荫鲜翠欲滴，一座座广场亮丽壮观，一盏盏华灯五光十色，一个个崭新的生态园林城奇迹般地展现在世人面前。随着近年来标准化楼房住宅小区建设、省级标准化学校建设的深入推进，以及社区卫生服务中心、双老活动中心、公办幼儿园、水上公园和森林公园等一批民生工程的相继建成，城镇宜居指数全面提升，农场组建了大城管，全面提升了城镇物业、日常管理和服务的能力和水平。

综合来看，北大荒的发展建设离不开北大荒几代人的努力，相同的理想信念、相同的奋斗目标，影响着几代北大荒人。从昔日的荒海变成今日的中华大粮仓，北大荒人开创了可歌可泣的拓荒历史，铸就了历久弥新的北大荒精神。伴随着共和国改革的脚步，北大荒发展的每一个阶段，都留下了北大荒精神的足迹。1978年，当改革浪潮席卷全国大地的时候，百万北大荒人选择了敢于否定、敢于扬弃的奋发进取之路，毅然向僵化的管理体制和运行机制告别，本着勇于开拓的精神，开始了第二次创业。他们告别了国营农场的"大锅饭""铁饭碗"，放弃了国家正式职工的身份，投入兴办家庭农场的改革热潮。支撑这场史无前例历史变革的是北大荒人强大的思想承受力和创新力。①现在，北大荒人仍在改革的汹涌浪潮中向前，不断优化产业结构，推动产业良性发展。在新的历史征程中，北大荒人要继续保持清醒的认识，继续发扬勇往直前的进取精神和勇于探索的创新精神；高举北大荒精神的旗帜，让北大荒精神继续在新时代实现其思想价值，挖掘出更多的思想意义。

---

① 孙勇才：《北大荒精神》，黑龙江人民出版社1995年版，第82页。

第五章
新时代北大荒的使命

几十年来，北大荒人初心不改，始终将开拓建设北大荒的理想追求，同国家、集体、人民利益紧紧结合起来。在黑龙江垦区开发建设的 70 多年中，自始至终积极探索和实践现代化大农业的发展之路，经过数十年奋斗历程，北大荒已经形成具有农垦特色的现代化农业生产模式。

在中国特色社会主义进入新时代的背景下，北大荒肩负新的历史使命，以开放的心态，学习先进的管理经验，进行管理体制和经营机制创新，实现了从"北大仓"到建设"现代化大农业"的角色转变。当代北大荒人注重绿色基地、绿色产品、绿色食品的开发，由提供原粮到制造加工产品，由农产品粗加工到精深加工，由"北大荒生产"到"北大荒制造""北大荒创造"，北大荒人继承并发扬北大荒精神，用创新驱动、科技驱动突出产业优势，为北大荒注入了更强的竞争力，使正在形成的农业航母驶向世界的经济海洋。

第一节　为国屯垦成边的守护

如前所述，黑龙江垦区最初成立是出于国家屯垦成边的需要，在建设之初，就肩负着为国家提供粮食、保障国家粮食安全的重要使命，胸怀祖国是北大荒人矢志不渝的精神信仰。从"向荒原要粮"到成为国家重要的粮食基地，北大荒的开发与建设历史，正是几代北大荒人追求和实现理想的历史。

黑龙江作为边疆大省、农业大省、资源大省，在国家边疆治理中发挥着重要的作用。长期以来，黑龙江垦区切实扛起政治责任，把屯垦成边事业摆在突出位置来抓，强化组织领导、工作落实、措施保障，因地制宜、综合施策，为子孙后代守护边疆安全，留下沃野良田和生存发展空间。北大荒开发建设者在屯垦成边中，以高度的政治自觉切实加强黑土地保护，实践端牢中国人自己饭碗的初心使命。

一直以来，黑龙江垦区坚决落实黑土地保护的各项政策，明确目标任务，指导各地根据不同类型土地耕地现状，结合建设国家高标准农田、加强中小河流治理等，分门别类采取多种措施保护黑土地，提高秸秆还田、增施有机肥、轮作轮耕等关键技术措施的到位率，提升黑土耕地质量。黑龙江垦区充分发挥科研部门支撑保障作用，整合省内黑土科研团队力量，组建专业研究机构，加强科研创新攻关，强化技术服务，建立完善监测和评价体系，打造黑土科学研究基地、技术研发基地、成果转化基地和专业人才培养基地。黑龙江垦区建立更新了黑土地长效保护机制，加强组织领导和统筹协调，将黑土地保护工作纳入各农场议事日程，纳入各级班子实绩考核体系。站在新时代的潮头，北大荒肩负新的历史使命，继承和发展北大荒精神，努力营造共同支持、共同关注、共同参与、共同守护、共同建设黑土地的良好氛围。

长期以来，北大荒精神在和平时代的屯垦戍边事业中，体现为让祖国放心、守护边疆、守护粮食安全的实际行动，始终保持着与时俱进的时代内涵，始终与北大荒的建设发展同步，为垦区建设现代化大农业提供了强大的精神支撑。

第二节　保障国家粮食安全

粮食安全是实现国家安全、社会和谐的重要基础。长期以来，黑龙江垦区作为北大荒开发建设的主体，作为国家重要商品粮基地和粮食战略后备基地，认真贯彻总体国家安全观，切实担负起维护国家"五大安全"的重大责任，加快构建国家粮食安全保障体系，主动承担责任，切实增强粮食产业实力，促进农民种粮持续增收，不断提升保障国家粮食安全服务能力，确保谷物基本自给、口粮绝对安全，把饭碗牢牢端在自己手上。北大荒人努力保护好黑土地，坚决当好维护国家粮食安全的压舱石，千方百计稳住农业基本面，推动农业更好发展，让中国人的饭碗装上更多龙江粮。

粮食是关乎国家安全和社会稳定的重要战略物资，也是关乎人民群众生活稳定的民生资源。粮食稳定增产与社会和谐、政治稳定、经济持续发展密不可分。为增加粮食安全能力，从 20 世纪 50 年代末期起，垦区就开始致力于增加粮食产量。1990年1月，全国农垦厅（局）长会议在北京召开，会议提出在"八五"期间全国农垦系统增加100亿斤商品粮的规划方案，其中黑龙江垦区新增粮73亿斤。肩挑重任的黑龙江垦区经过反复论证和计算，提出了建成100亿斤商品粮基地的项目报告。1990年7月17日，黑龙江百亿斤项目汇报团到达北京进行汇报，并获得批准。1991年100亿斤商品粮项目正式启动。从此，全垦区围绕着百亿斤商品粮项目有序地运作起来。

垦区集中资金，进行了大规模的农业综合开发，狠抓以防洪治涝为重点的农田水利基本建设，进行了中低产田改造，实施"以稻治涝"，进行农业机械配套和基础设施建设；提高经济效益，重点发展"两高一优一抗"作物。推动科技进步，提高了粮食单产水平；继续推广和兴办家庭农场，推行"大农场套小农场"和土地租赁承包，实行生产费、生活费"两费"自理，引进外来水稻种植户。颁发了《关于进一步加快垦区科技进步的决议》，出台了一系列措施。更新大型农机具23619台套，兴修水利14.5万土石方，投入资金25.2亿元。建设粮食处理中心163座，投放资金2亿元。经过北大荒人的不懈努力和艰苦创业，1995年末，垦区粮食总产量在连续5年攀高后，终于达到了103亿斤，提前实现了自己对祖国的承诺，百亿斤商品粮任务胜利完成。

北大荒沃野千里，但也曾沼泽遍地，水患频出，而水利关乎农田安全，关乎祖国边疆的开发和建设。长期的生产实践让北大荒人懂得了开发与建设既要重视效益，又要顾全大局的道理，因而十分重视兴修水利和提高抗灾能力。[①]20世纪80年代以来，黑龙江垦区制定了适

---

① 孙勇才：《北大荒精神》，黑龙江人民出版社1995年版，第120页。

应垦区特点的"以防洪除涝为主，旱涝兼治，全面规划，综合治理"的科学治水方针，修建了一大批大型水利工程。先后完成了别拉洪河、蜿蜒河、七虎林河、鸭绿江和穆棱河下游地区五条河流的治理工程，分期分批安排了大中型涝区的骨干工程扩建和田间工程配套，大大提高了垦区抗灾能力。以合理开发水资源为中心，以发展灌溉区和旱田喷灌为重点的灌溉工程，提高了水稻种植面积。以西部九三、北安管理局丘陵漫岗黑土区为重点的水土环境保护工程建设取得了巨大成绩，水土流失得到有效控制，水土环境大大改善。

（一）农业机械化强力守护粮食安全

从北大荒到北大仓，粮食满仓不仅关系着中国人民的口粮、饭碗，也使国家应对风险挑战有了底气。黑龙江垦区的农业高度机械化，为我国的粮食安全提供了强有力的保障。黑龙江省粮食生产卓越成绩的背后，农业机械化发挥了巨大的作用。农业科技化和农机装备现代化是转变农业发展方式、提高农村生产力的重要方法，是乡村全面振兴的重要支持。靠锄头镰刀去从事农业生产，早已保障不了14多亿人的口粮安全。而北大荒地大物博、地广人稀，非常适合大型农业机械进行农业生产作业。

2012年以来，黑龙江垦区高度重视维护国家粮食安全，坚决担起重大政治责任，狠抓粮食生产不动摇。至2020年，黑龙江垦区按照月度、季度、半年度、年度，环环紧扣，全过程不落，强化工作落实。坚持高标准备耕，创新网上备耕、贷款、培训等方式；坚持高质量春播，充分发挥各级政府的组织作用，各类经营主体和各种播种机械齐上阵，各种农作物全部播（插）在了高产期；坚持精细化田管，充分利用良好的自然条件，抓铲趟、灭杂草、早追肥、促成熟，旱田基本都完成两遍以上铲趟中耕作业，坚持高效率抢收，拿出 1.7 亿元补贴机械改装。[①]

一是着力落实责任，稳定粮食面积。黑龙江垦区严格落实粮食安全党政各负其责一体同责，签订责任书，层层分解面积指标，严格制止耕地"非农化""非粮化"，严守耕地和生态红线，合理优化布局，强化惠农强农政策落实，调动农民种粮积极性，确保粮食播种面积稳定。

二是着力藏粮于地，筑牢增产根基。黑龙江垦区持续加强农业基础建设，以治涝为重点，不断增加高标准农田；加强耕地保护，探索实施土地责任制，不同类型土壤都组织专家组包保，综合采取多种措施，把黑土地这一"耕地中的大熊猫"保护好利用好。积极推进适度规模经营，大力发展农业生产托管服务。

▶ 2021 年 9 月，北大荒集团宝泉岭分公司举行秋收劳动竞赛的场面

三是着力藏粮于技，挖掘增产潜力。黑龙江垦区突出多种业共同

---

① 章磷、姜楠：《北大荒集团现代化大农业发展研究》，《农场经济管理》2020 年第 11 期。

发展、创新发展，坚持繁育统一发展，建立优质种子专家示范基地，加快建设国家级大豆种子基地，确保良种覆盖率100%。强化科技联合攻关，建设现代农业产业协同创新体系。大力推广实施新技术，打造高标准科技示范带，创建省级高标准科技园，在不同积温区建设农业科技示范基地。集成粮食作物绿色高质高效技术模式，使全省农业主推技术到位率提升到新水平。创新农民培训方式，利用电视台农业频道，培训农民数百万。推行全程"机械化"，提升耕种收综合机械化率。推进数字农业建设，建设省级数字农业示范县、超千亩无人农机示范农场。农业科技贡献率不断攀升。①

四是着力绿色发展，提升粮食品质。黑龙江垦区发挥寒地特有黑土、绿色食品优势，开展"中国粮食、中国饭碗"质量提升行动，推行绿色的生产销售方式，实施标准化管理，强化全流程质量管控，加快把黑龙江建成国家绿色粮仓菜园厨房。重点发展亩产千斤以上的高赖氨酸、高淀粉玉米，亩产350斤以上的高产、高油、高蛋白大豆，适口性好的优质抗逆粳稻，尤其是着力提升第三积温带水稻品质。

五是坚持头尾衔接，促进农民增收。黑龙江垦区把推进种植生产与提高农民收入结合起来，坚持以"粮头食尾""农头工尾"为牵动，大力发展粮食和农副产品加工业，努力延长经营链条，确保好土地产好粮、有好收益，最终做到既让粮食增产，更让农民增收，实现巩固脱贫攻坚成果与乡村振兴有效衔接，农民收入增长与经济发展保持协调同步。

---

① 邹宛言：《北大荒精神与北大荒集团企业文化建设融合之新思考》，《农场经济管理》2020年第10期。

（二）健全的粮食食品安全规范

北大荒是我国粮食主产区之一，黑龙江垦区落实最严格的耕地保护制度，确保现有耕地面积基本稳定。规范耕地有序利用，严格实行耕地有退有进。加强耕地质量建设，采取综合措施提高耕地基础地力，提升产出能力。对占用耕地特别是基本农田的，实行剥离耕作层土壤再利用制度，开展补充耕地土壤改良和培肥。建立健全耕地保护责任目标考核制度，完善耕地保护共同责任机制，严格执行基本农田保护离任审计制度。

黑龙江垦区培育和壮大粮食产业化龙头企业，促进生产要素向优势企业集聚。扶持粮食企业推广应用先进技术和设备，进行技术改造和升级。开展现代粮仓科技应用示范。加强粮食购销企业建设，促进业务流程优化设施、设备和仪器的改造和升级试点示范，巩固和升级开放式视觉系统。加强信息管理、绿色安全储粮等先进实用技术的推广应用，加快数字粮库和智慧粮食建造的速度。把主食产业化作为保障食品安全的重要民生工程，鼓励企业拓展粮食加工业连锁开发新的优质健康食品。鼓励大中型主食加工企业发展仓储物流冷链设施，向乡镇和农村地区延伸扩大生产和销售网络。

黑龙江垦区全面加强粮食质量安全保障体系建设，推进相关行业粮食质量检验监测机构整合，提升公益性粮食质量检验监测机构服务功能。加大对重点粮食产业园区、物流中心、应急配送中心（批发市场）和骨干企业中心检验室建设的支持力度，加快提升质量卫生安全保障服务功能。加强以粮食为原料的食品生产加工企业生产和流通环节粮食质量监管，强化和落实批发市场开办单位入市粮食产品质量检验、索证索票、质量监测责任，管理好粮食经营主体及粮食经营场所环境。加强对粮食及其加工产品农药残留、重金属、真菌毒素项目检验监测。加强质量检验和仓储保管、防治、烘干等粮食质量安全相关技术人员业务培训和职业能力考核确认。

新时代，在北大荒精神的引领下，黑龙江垦区进一步增强确保国家粮食安全的大局意识和责任意识，把促进食品工业持续健康发展和保障粮食安全作为保障民生的基本任务，放在经济社会发展的突出位置，一直坚持不懈地抓好、抓实。

第三节　打造绿色食品品牌

我国推动绿色食品品牌发展兴于 20 世纪 90 年代初。品牌是通过忠实实践、倡导和推广而建立的，绿色品牌将绿色健康理念融入品牌管理和推广过程中，其品牌载体在消费者心中形成的直接印象是健康、和平，是一种溢价的无形资产。经济的快速发展和国民生活水平的稳步提高影响着消费，绿色食品已成为业界公共品牌的优秀代表。目前，随着经济社会的不断发展，人们的物质生活水平有了很大的提高，食品消费量不再是人们关注的焦点，绿色的、有机的、无公害的优质食品越来越赢得消费者的信任。

北大荒作为中国粮食的重要仓储，利用得天独厚的绿色环境优势，发展符合本省特色的绿色品牌，坚持打生态牌、绿色牌，走质量兴农、绿色兴农之路，着力打造绿色粮仓、绿色菜园、绿色厨房，对东北乃至全国农业现代化都具有借鉴意义。在黑龙江垦区现代化农业发展过程中，引导农民关注农产品质量，抓住生态、绿色、科技等关键性因素，生产高质量的农产品，延长农产品产业链，发展农产品深加工产业，提升农产品附加值，从而有效提升农民经济收益。基于此，在绿色产品品牌已逐渐成为市场趋势的前提下，黑龙江垦区充分发挥绿色优势，巩固提升有机农产品总量、品质，开展"互联网＋高质量农产品"行动，让龙江粮食、龙江食品、龙江品牌享誉中国，走向世界。

体制改革后的北大荒集团，秉承创新、高效、绿色、安全的发展理念，以创新驱动企业高质量发展，推动北大荒品牌价值递增，助推农业品牌塑造。千亿品牌的铸成，得益于北大荒已成为我国耕地规模最大、现代化程度最高、综合生产水平最强的国家重要商品粮基地和粮食战略后备基地，被誉为靠得住、调得动、能应对突发事件的"中华大粮仓"。2020年，由北大荒集团有限公司持有的"北大荒"品牌，品牌价值1028.36亿元，成为2020年度表现最好的品牌之一，也是黑龙江省首个价值超千亿的品牌。随着科技的发展，云计算、大数据等数字技术的使用，为绿色品牌提供了关键的技术支撑。垦区运用云计算技术、大数据技术，对区域内消费需求进行科学分析研判，调控农业生产，使生产和消费处于合理均衡的区间，既能满足消费者需求，也能提高农产品的价值，进一步促进绿色有机农业发展。

▶ 2020 年 10 月，北大荒集团应邀参加第十八届中国国际粮油产品及设备技术展示交易会（国际粮油博览会）

　　民以食为天，食品安全工作关系我国 14 亿多人的健康和生命安全，务必做好。近年来，党和国家强力推进食品安全，把工作做细做实，确保人民群众"舌尖上的安全"。习近平总书记指出，各级党委和政府及有关部门要全面做好食品安全工作，坚持最严谨的标准、最严厉的处罚、最严肃的问责，增强食品监管统一性和专业性。黑龙江垦区是国家重要的商品粮基地和绿色农业基地，维护国家粮食安全、食品安全，是北大荒必须为之的历史任务。基于此，黑龙江垦区增强从"农田到餐桌"全过程的食品安全，严控食品安全风险，确保人民群众吃得放心。

　　北大荒的事业要持续，北大荒的企业要发展，打造诚信的"北大荒"品牌是关键举措之一。诚信作为中华民族基本的道德和行为规范，是保证企业长久发展的文化屏障。要树立"北大荒"品牌意识，打造诚信品牌，实施品牌战略，用诚信树立企业形象，用诚信开发市场，用诚信赢得市场。北大荒的事业要坚持走绿色和诚信的发展之路，树立绿色北大荒、诚信北大荒的理念，打造绿色发展模式。

新时代，黑龙江垦区重视粮食安全与建设绿色品牌并驾齐驱，发挥区域优势，更好为国家安全、经济发展保驾护航。垦区坚持新发展理念，紧紧围绕推进农业供给侧结构性改革这个工作主线①，以优化供应、进步增效、农民增收为目的，以绿色发展为导向，以创新驱动为动力，以结构优化为重点，培养新动能、打造新业态、支持新主体、拓宽新渠道，着力推动农业转型升级。垦区利用品牌优势，增强新时代北大荒精神在垦区发展中的影响力，使农业供需关系在更高水平上实现新的平衡，聚力实现质量兴农、绿色兴农。

第四节　弘扬弥足珍贵的精神

北大荒精神从孕育、生成到发展，历经实践锤炼、理论打磨，与时俱进，更加成熟，历久弥新。在北大荒70多年的开发建设过程中，勤劳质朴的北大荒人在极其艰苦的恶劣环境下，在特定的历史条件和特定的历史时期，不畏艰险、勇往直前、战天斗地、艰苦创业，将昔日莽莽荒原变成今天的千里沃野。在筚路蓝缕的创业实践中，北大荒人不仅开创了感天动地、气壮山河、可歌可泣的垦荒历史，而且留下了弥足珍贵的精神财富。

---

① 刘惠、陈彦彦：《文化自信视域下北大荒精神的传承与弘扬》，《江西科技师范大学学报》2019 年第 3 期。

北大荒精神的地位是经过历史犁铧的耕耘播种和浇灌而形成的。^①北大荒人用青春、汗水与生命在沉睡了千百年的黑土地上铸就了北大荒精神，它是拓荒者们崇高思想、可贵品质、优良作风在历史的风云激荡中相互结合、相互渗透、相互作用的结果。北大荒精神把来自不同地区、从事不同职业、年纪不同的开荒者凝聚在一起，使他们拥有共同的目的、理想、使命、担当，这是推动北大荒农垦事业发展的信念根基。

北大荒精神散发着激情，承载着荣耀，使那个火热年代在这里生活、建设过的人，以"北大荒人"这个称呼为荣。尽管北大荒人来自全国各地，但由于北大荒精神的凝聚力，锻炼了他们的胆识，增强了他们的意志，使他们不畏困难困苦地开发北大荒，为北大荒建设做出了重要奉献。面临困难和挫折的时候，北大荒精神这一法宝所发挥的凝聚力、战斗力，使北大荒人变得愈加刚强。特别是改革开放以来，在建设北大荒的历史使命下，北大荒人勇担改革重任，传承发展北大荒精神，发力进行"三化一改革""三大一航母"建设。在新时代的历史方位下，北大荒精神仍然为垦区改革发展提供至关重要的精神支撑。

北大荒人经历过艰辛的创业时代，也经过改革开放的新发展。恰是北大荒精神的力量，引导北大荒人始终坚持正确的政治方向，引导北大荒人具备实事求是的思想和观念^②，将北大荒人的理想和信念凝聚到屯垦戍边、扛起粮食生产、统筹发展与安全上来，促进了黑龙江垦

---

① 刘惠、陈彦彦：《文化自信视域下北大荒精神的传承与弘扬》，《江西科技师范大学学报》2019 年第 3 期。
② 章磷、姜楠：《北大荒集团现代化大农业发展研究》，《农场经济管理》2020 年第 11 期。

区和国家农垦事业的发展。

北大荒精神是一种具有先进群体意识的精神文化力量，始终深深地影响着北大荒人的思想和行动。北大荒精神早已渗透到北大荒人生产、生活的各个领域，成为规范人们思想和行为的无形力量。北大荒人共同的价值取向和行为准则，正是靠这种规范作用产生的内在约束力实现的。第一代北大荒人投身垦荒，创造的辉煌业绩成为人类开荒史上的壮举，孕育了北大荒精神。第二代以及第三代北大荒人丰富发展了北大荒精神。他们身上体现了北大荒人不断开拓、勇于进取的品质。这来源于北大荒精神的感召和影响力，作为一种内在的规范，使北大荒人拥有无形的精神力量。

在北大荒 70 多年的发展历程中，北大荒人始终以北大荒精神为行为准则和价值取向，将国家利益、集体利益放在首位，为北大荒农垦事业的发展贡献力量。开垦建设初期，北大荒人服从国家安排，将个人理想与国家利益相结合，在艰苦的开荒过程中实现个人价值。进入改革开放和社会主义现代化建设新时期，北大荒人借着改革开放的机遇，勇于变革，积极构建垦区现代农业的发展。垦区积极宣传北大荒精神，使广大职工干部将北大荒精神作为规范自身行为的准则。面临危难，北大荒人率先支援粮食，帮国家渡过难关。在北大荒人身上可以看到中华民族的优良品质，看到自力更生、艰苦创业精神的继承和发展，看到新时代北大荒精神的无形力量。

北大荒精神继承了中国共产党人的光荣传统、中华民族几千年来延续下来的传统美德和伟大的民族精神，经历了形成与发展、凝练与丰富、弘扬与深化的历史过程，在不同的历史时期表现出不同的形式，其深刻的内涵随着时代的发展持续不断地丰富与升华。北大荒精神是拼搏干事、不畏艰难、一往无前、永不衰竭的一股强大创业动能，具有伟大的时代价值，在新的历史条件下，面对新的斗争、新的挑战和机遇，我们仍要不忘继承和弘扬北大荒精神，发扬先辈优良传统，弘扬时代新风正气，讲好北大荒故事，传播好北大荒声音。

弘扬北大荒精神，凝聚爱国奉献的力量。"献了青春献终身，献了终身献子孙"，这是北大荒人爱国奉献的情结，也是北大荒人对国家至死不悔的誓言。当第一批战功卓越的转业官兵拿起锹镐作为拓荒先锋踏上这片荒原时，他们就坚定了自己以民族振兴的大局为重、以到最艰苦的地方工作为荣的信念，表现出爱国奉献、先公后私的精神品质。北大荒人时刻牢记自己肩负的重要使命，无论遇到多少困难和挫折，始终急国之急、想国之想。在大灾大难面前，不讲条件不讲代价，作为国家重要的粮食基地，用自己的生命和汗水诠释了对祖国的赤胆忠心。对于今天的龙江振兴而言，困难不是绊脚石，而是铺路石，只要凝聚起爱国奉献之魂，牢记国家兴亡匹夫有责，砥砺前行，必然牢牢托住中国饭碗。

弘扬北大荒精神，传承艰苦创业的传统。"幸福是奋斗出来的"，北大荒的沧桑巨变充分诠释了这句话。艰苦创业是北大荒人的立身之本、传家之宝。70多年前，在党的领导下，来自五湖四海的官兵、城市知识青年等实现了"向荒野要粮"的伟大壮举。"早上三点半，地里三顿饭，早晨看不见"，这是他们拓荒种粮的真实写照；"顶着星星出，戴着月亮归，沉重地修理地球，是我们神圣的本分"，这是他们战天斗地的军号。他们以自给自足的创业精神、以苦为荣的乐观精神、敢打必胜的战斗精神，以建设国家为己任，视艰苦创业为乐事，把甘于奉献当标尺，在当年的苦寒荒蛮之地建成北大仓，端起了中国人自己的饭碗，深深彰显了艰苦创业的优秀品格。

弘扬北大荒精神，激发开拓创业的动能。创新是第一动力，科技进步是北大荒实现迈步向前的支撑力，经营体制改革、产业结构调整和对外开放是北大荒实现跨越发展的推进器，现代化、产业化和生态化是北大荒实现突飞猛进的助燃剂。正是开拓创业之魂，激发着北大荒人不仅向地球开战，也向自身挑战，以"数字农垦"的创新智慧、敢试敢闯的求实作风、勇往直前的进取精神，挑战困难、创造奇迹。传承北大荒精神的开拓创业之魂，就要解放思想，破除体制机制障碍，增强创新能力，奋力谱写全面振兴全方位振兴的新篇章。

综合来看，北大荒在总体上经历了开发和建设两个阶段，其孕育产生的北大荒精神随着时代的发展而被赋予新的内涵。①自古以来，民以食为天，粮食安全一直都是关乎国家稳定与发展的关键性因素，北大荒的土地孕育着农业生产的巨大潜力。北大荒人克服重重困难，将这片广袤的亘古荒原变成硕果累累的粮食生产地。北大荒的开发建设发展凝聚了几代人的汗水和心血。北大荒精神发挥着引领作用，是北大荒发展建设的精神旗帜。在新时代的历史方位下，黑龙江垦区肩负着经济社会发展的新任务、新目标，奋勇前进。新时代要用好北大荒精神这个"传家宝"，让这份精神财富继续发出正能量。要维护国家粮食安全以及国家生态安全，发挥好产业优势，增强现代化农业的竞争力，担负起新时代北大荒的使命。

---

① 刘惠、陈彦彦：《文化自信视域下北大荒精神的传承与弘扬》，《江西科技师范大学学报》2019 年第 3 期。

北大荒精神是一种形成于特定历史时代的珍贵精神，是具有北大荒特征的成熟精神成果。新时代北大荒精神，既有民族精神的深沉厚重，又凝聚着时代精神的生机。在新时代中国特色社会主义建设的伟大征程中，北大荒精神始终传承着以自力更生、艰苦创业、勇于开拓、甘于奉献为主要内容的价值内涵。自力更生是北大荒精神的重要内容，是北大荒人的独特气质和精神品质。艰苦创业是北大荒精神的第一要义，是加快社会主义现代化建设的思想动力。勇于开拓是北大荒人尊重科学的伟大实践，是促进实现中华民族伟大复兴、建设社会主义现代化强国的精神动力。甘于奉献是北大荒精神的重要组成部分，是北大荒人勇挑重担的最高价值追求。

回望历史，北大荒这片土地自古以来便有屯垦戍边的历史和传统，屯垦戍边是北大荒精神形成发展的历史文化根基。北大荒精神是中国共产党在领导中国革命、建设、改革的历史进程中逐渐形成和发展起来的，是永远不会过时的，影响着一代又一代中华儿女投身国家的建设事业。新时代的历史方位下，北大荒精神也是东北振兴发展的重要精神动力。北大荒精神是构建社会主义物质文明与精神文明、构建社会主义和谐社会的重要推动力量，是全社会共同拥有的永恒的精神财富，具有强大生命力。

第一节　坚持自力更生的自强性

　　北大荒人有着高度的自立观、自强性，在特定的历史时期，因为自然灾害，垦区农业大量减产，完成粮食生产任务变得非常艰难。但北大荒人勒紧腰带、开源节流，保质保量地完成好任务，急国之所急、想国之所想，不畏困难、依靠自己奋斗，体现出自立自强的责任感和对国家对人民的赤胆忠心。

　　新时代，北大荒人不仅上缴粮食，在产业结构调整、环境保护和资源节约等方面也做出了重要贡献。黑龙江垦区提出了保护生态环境、发展绿色农业的新思路：禁止一切湿地、草原垦殖和毁林开荒活动，退耕还林，退耕还牧，退耕还草，退耕还湿。加大造林的力度，建立了多处自然保护区和自然保护地、生态农业试验示范点、绿色食品生产基地，使北大荒的生态环境得到明显改善。新时代，北大荒的自力更生、自立自强被赋予了新的内涵。

　　随着生活水平的提高，人们已经从"吃得饱"向"吃得好"转变，北大荒也从"产得多"向"产得好"转变。鸭稻蟹稻、有机杂粮，百姓餐桌上需要的优良食材在北大荒应有尽有。"三大一航母"的战略目标提出后，黑龙江垦区着力加快改革步伐，坚定地开启了破冰之旅。2016年底，农垦绥化、哈尔滨管理局陆续组建15个农牧场有限公司，2018年元旦前夕，28个有限公司陆续举行了成立揭牌仪式。省农垦总局制定了《关于全面推进各项改革任务落实的实施意见》，成立了六个专题推进工作组，在北大荒集团总公司整合重组的同时，加快联合战略投资合作伙伴，为改革发展助力。2018年5月，《垦区农牧场五分开改革实施方案》出台，随之，"五分开"工作在垦区各农牧场全面铺开。2018 年 6 月，农垦管理局改革启动，农垦改革工作依一步一个脚印，扎实推进。^①

在新时代，自力更生、自强不息仍然是弘扬北大荒精神的重要核心内涵。黑龙江垦区响应国家进行农业结构调整的战略部署，自我加压、自我监督、自我发力，围绕减少低质量供给、增强农产品有效供给、提高农业市场竞争力、抓住关键环节、实施精准发力，多维度调整优化农业结构，落实农业"三减"高标准示范面积近 3000 万亩，以市场为导向，推动农业由数量型向质量效益型发展，种植结构实现"一减一稳六增"，调减玉米面，水稻面积基本保持稳定，大豆、小麦、马铃薯，杂粮杂豆，经济作物和饲料饲草作物面积增加，增强了农产品多元供给能力和农场职工增收能力。

自立奋斗，自觉在大局下想问题、做工作，自立自强谋大事、做大事，这就是北大荒人在新时代自力更生精神的重要体现。北大荒人从未把自己的利益放在第一位，从不计较自己的得失，而是发挥主观能动性，自力更生，维护国家粮食安全、促进农业现代化，把优质的农产品保障到位。

---

① 张昱：《北大荒精神——打造北大荒"三大一航母"伟大征程的动力之源》，《现代农业研究》2019 年第 10 期。

第二节 踏坎坷斗艰险的斗争性

习近平总书记指出："全党一定要保持艰苦奋斗、戒骄戒躁的作风，以时不我待、只争朝夕的精神，奋力走好新时代的长征路。"①艰苦创业不只是北大荒精神之魂，也是推进社会主义现代化建设的思想动力。新时代弘扬北大荒精神，一定要深刻领会艰苦创业的精髓所在。在北大荒精神形成的历程中，艰苦创业精神一直居于北大荒精神的中心地位。不管是在垦区创建早期，还是第二次开发时期，北大荒人都通过艰苦创业，把立足点放在自给自足上，重视自我累积、自我生产。在新发展阶段，实施"走出去"发展战略，把自力更生与开放开发有机结合起来。北大荒人不畏惧创业的困难，始终保持一种不畏艰难、奋发进取的人生态度，始终保持不屈不挠、不断开拓、完善自我的志向和高尚情操。在新时代，艰苦创业精神被赋予了新的内涵，主要表现为自立自强、奋发有为、勤俭节约的精神。这是对北大荒精神的继承和发展，必将在"三大一航母"建设的新征途上焕发出璀璨的光芒。②

新时代弘扬北大荒精神，只有牢牢把握中国共产党领导下坚持艰苦创业这个"魂"，一以贯之，久久为功，才能真正担当起肩扛国家粮食安全的重任。艰苦创业作为一种永不过时的时代精神，具有与时俱进的品质。新时代的北大荒人要做到富而思进、富而思源、富而不奢、富而不惰，继承和发扬北大荒精神，在伟大的新的历史进程中创

---

① 《习近平谈治国理政》（第 3 卷），外文出版社 2020 年版，第 54 页。
② 张昱：《北大荒精神——打造北大荒"三大一航母"伟大征程的动力之源》，《现代农业研究》2019 年第 10 期。

造新的成就。在建设农业大航母的征程上，北大荒人以艰苦创业的毅力，克服小富即安的思想，不畏困难，坚强拼搏，为争当现代化农业的排头兵而攻坚克难。有多少坚韧就能干多少事业，尽多大责任才会有多大成就。在传承艰苦创业精神的同时，必须强化目标导向、责任意识，形成攻坚克难、奋发建设的有利格局。进入新时代，艰苦创业是路径，美好生活是目标，幸福不但是物质基础的夯实，更有精神层面的升华，要追求美好的生活，就要继续发扬艰苦创业的精神。

　　新时代弘扬北大荒精神，艰苦创业的具体形式也发生了深刻变化。黑龙江垦区通过不懈努力，重点打造"粮头食尾""农头工尾"，推进现代化大农业发展。继续深化垦区的现代企业制度改革，打造农业大航母；集中力气打造万亿级农业及农业产业化集群，建设好一批重点产业园区，做强一批大型龙头企业，真正把食品加工产业建设成全省最具优势的主导产业之一。北大荒集团作为现代化农业的主要载体与平台，通过打造重点产业园区集聚发展要素，促进技术创新、制度变革。北大荒科技园突出科技创新，上接产业园，下连创业园，以促进农业科技成果转化为核心要务，承担起孵化高新技术企业、促进产业融合发展、引领创新创业等综合功能；北大荒创业园以城郊和乡镇为重点区域，重点围绕果蔬、食用菌、畜禽养殖、电子商务、流通服务业等适合农民集聚创业、群体发展的农村一二三产业，吸纳返乡下乡等各类创业人才入园发展，打造农民创新创业综合服务载体，促进了北大荒生产力的发展。①

　　"功崇惟志，业广惟勤"，艰苦创业是北大荒精神最宝贵的品质

---

① 邹宛言：《北大荒精神与北大荒集团企业文化建设融合之新思考》，《农场经济管理》2020年第 10 期。

之一，是北大荒精神的重心和主题，至今仍是垦区人的立业之本。垦区人依靠不畏困难困苦、拼搏扎实肯干的精神，在极端艰辛的情况中站稳脚跟，使垦区建设逐渐走向繁荣富强。在新时代，垦区人的生活水准得到了很大提高，可是艰苦创业的精神是不能抛弃的，并且是与时俱进的。新的历史起点上，我们要深刻认识北大荒精神的当代价值，奋发有为，将艰苦创业的精神力量转化为物质力量。

第三节　甘于奉献担当的无私性

甘于奉献是北大荒精神的重要体现，是中华民族精神的体现和展示，是新时代全体中华儿女的价值追求，是北大荒人辛勤劳作的真实写照。在新时代的历史方位下，弘扬北大荒精神必须读懂它的甘于奉献的内涵。[①] 在北大荒精神的发展过程中，甘于奉献始终是北大荒精神的闪光点。在社会主义市场经济条件下，弘扬北大荒精神要体现出它的层次性特点：既要注重经济效益，保护职工个人和集体的利益，发扬集体主义精神，又要坚持扶困济贫，走共同富裕的道路，还要高扬甘于奉献的旗帜，在建设社会主义现代化中做出应有的贡献。

新时代发扬甘于奉献精神，需要每一个社会成员在实现个人梦的过程中追求甘于奉献的崇高境界。在垦区现代化事业进程中，每个参与者都有一种利他情怀，有一种为垦区现代化事业克己的无限热忱，传承和

---

① 刘惠、陈彦彦：《文化自信视域下北大荒精神的传承与弘扬》，《江西科技师范大学学报》2019 年第 3 期。

发扬老一辈北大荒人的光荣传统，兢兢业业，努力投身北大荒垦区的事业，勇于担负起维护国家粮食安全的重担。当第一批战功卓越的转业官兵拿起锹镐作为拓荒先锋踏上这片荒原时，他们就坚定了自己以民族振兴为重、以到最艰苦的地方工作为荣的信念，表现出爱国奉献、先公后私的性格品质。三代北大荒人在这里贡献了青春芳华，有的甚至奉献出生命，他们一直牢记嘱托、勇担使命，开垦北大荒、向全国供粮，十年如一日地拓荒拓土，不讲条件、不计得失地冲在前线，用自己那份热诚之心和实践举动，表达出对国家的奉献精神。北大荒人时刻牢记自己肩负的重要使命，无论遇到多少困难和挫折，始终急国之急、想国之想，不讲条件不计代价，用自己的生命和汗水证实了对祖国的赤胆忠心。

在新时代，弘扬北大荒精神，甘于奉献的内涵与形式也发生了新的变化。近年来，黑龙江垦区以中央经济工作会议精神为指导，着力调区域结构、调生产结构、调品质结构，向"种得好"要效益；全力抓"营销"，靠"卖得好"带动"种得更好"；发挥"粮头食尾""农头工尾"的产业拉动效应，通过融合发展大力提升农业增值空间。垦区通过产权重组、合约、特许经营、申报地理标志农产品等方式，扩充农产品品牌数量，手把手教农民如何闯市场、怎样卖得好，在销区建立黑龙江农产品销售旗舰店、品牌连锁店，拓宽了北大荒绿色品牌的市场延伸度。①

黑土地是个聚宝盆，黑龙江省土壤环境质量保持稳定并总体优良，也得益于黑龙江垦区的奉献与担当，垦区为全省承担了大部分黑土地保护工作。黑龙江垦区建立土壤污染状况调查、风险评估和效果评估

---

① 张昱：《北大荒精神——打造北大荒"三大一航母"伟大征程的动力之源》，《现代农业研究》2019年第10期。

制度；通过源头管控，对涉及土地利用和可能造成土壤污染的建设项目严格环境准入，严格控制农业面源污染，加强畜禽养殖污染防治，化肥农药使用量实现大幅减少，为保持黑土地肥力宁可牺牲一部分经济效益，不计成本地维护环境正效应。

甘于奉献、勇于担当就是要把人民群众对美好生活的向往追求作为目标和责任，努力担责。甘于奉献与勇于担当，以及高度敬业的崇高品格，是北大荒精神最闪亮的部分之一，是垦区人价值观、义利观的重要表现。北大荒开拓者为建设北大荒事业贡献了毕生，他们的子孙为北大荒事业继续奉献，他们所秉持的甘于奉献精神是北大荒精神的真实写照。在新时代继往开来，继续发扬甘于奉献精神至关重要，要在垦区现代化建设中充分弘扬这种精神，使垦区人为国家贡献更多的农业生产力。

第四节　勇立时代潮头的开拓性

勇于开拓精神既是创新精神，也是探索精神，是脚踏实地的经验总结，也是在劳动实践中的大胆尝试。北大荒精神中的勇于开拓精神充分体现了马克思主义的价值观，完美演绎了马克思的那句名言："哲学家们只是用不同的方式解释世界，而问题在于改变世界。"[1]北大荒人的实践经验告诉我们，改变世界的前提是实践，实践的目的是改变

---

[1]　陈彦彦：《马克思主义价值观视阈下北大荒精神的内涵探析》，《中国高校社会科学》2020年第3期。

世界，只有从实践中总结经验，并以经验反哺实践，才能开拓出新的道路，通向成功的道路。北大荒的辉煌事业正是对这句名言的现实阐释。北大荒人将荒原变成良田，不但有与天斗、与地斗、不畏艰险、吃苦耐劳的"勇"，还有懂进取、敢创新，学习技术、发展技术的"谋"。"勇"是将北大荒成功变成北大仓的根本，"谋"是北大仓进一步发展的关键。

勇于开拓精神使北大荒人打开了看世界的窗口，北大荒人在一次次创新中，拓宽了视野，提高了胆识，他们将视角投向国际舞台，与世界接轨，用国际先进农业技术不断武装自己。1978 年，垦区在友情农场五分场二队全套引进美国农业机械，创建了 3 万亩耕地的南方旱作农业现代化综合科学试验基地。1980 年到 1983 年，垦区利用外资引进先进农机装备，创建了洪河、二道河、鸭绿河、浓江四个现代化农场和 32 个生产队。近年来，垦区已与数十个国家和地区形成了商业来往、经济技术协作关系，主要产品出口大幅增加。垦区积极利用品牌等优势，推动企业创新招商，加强对外合作。2002 年，北大荒农业股份有限公司成功上市，一次性融资 15.6 亿元，同时完成股权分置改革，创新了企业运营机制。九三油脂等企业也在大连、天津和防城港等地完成了事业拓展。

在新时代继续弘扬北大荒精神，勇立潮头、创新变革，黑龙江垦区深化改革激发内生动力，使农业综合生产能力显著提升，新动能逐渐显效、不断发展。垦区突出水利、农机、科技、生态四条主线，大力推进农业"三减"，发展绿色生产，实施藏粮于地、藏粮于技战略，创新农村金融保险改革，释放生产力发展潜能，当好维护国家粮食安全的压舱石。2021 年黑龙江粮食生产实现"十八连丰"，总产量超过

1500 亿斤，总产量、商品量、调出量均居全国第一位。北大荒人自觉承担维护国家粮食安全的责任，增强农业综合生产能力，持续提高机械化、水利化、科技化、标准化水平，优化农业产业结构，推进亿亩高标准农田建设，使中国饭碗装上更多、更好的龙江粮。

为确保国家粮食安全，黑龙江垦区创新探索，建立粮食安全储备预警系统，健全粮食生产、流通、加工和消费调查统计体系，完善价格监测直报系统，加快构建粮食安全监测预警与信息服务综合平台，完善大农场粮食产量抽样调查制度，确保调查数据及时准确。确立新思路，落实粮食经营信息统计报告制度，督促各类涉粮企业按照国家粮食流通统计制度的规定，建立经营台账，定期向粮食行政管理部门报送统计数据。构建新模式，发挥物联网、大数据信息技术在粮食监测预警中的作用，加强粮食市场监测、分析和信息发布，在数字经济与粮食产业融合方面进行了开拓性努力。

"踏平坎坷成大道，斗罢艰险又出发"，垦区人坚持解放思想、勇于创新的开拓精神，在短短几十年之内为北大荒创造了极高的物质成就和精神财富。①以解放思想为前提条件、勇于创新为关键，摒弃不求无功劳、但求无过和"要、等、靠"的落后作风，垦区人勇于创新，不怕失败，勇敢向上，做大事、创大业。在市场经济大势下，秉持勇于开拓精神，打破传统思维桎梏、思路束缚，建立起北大荒特有的现代企业制度。放眼全球，世界市场存在众多的商机，北大荒若要在激烈的市场竞争中占有一席之地，就需要进一步发扬勇于开拓的宝贵精神，用好国内外两种资源，进行大胆创新，抢占市场先机、有利商机、

---

① 许开峰：《垦区改革时期弘扬北大荒精神的哲学探析》，《农场经济管理》2019 年第 1 期。

发展契机。放眼未来，黑龙江垦区要以习近平新时代中国特色社会主义思想为指导，勇于开拓，勇于创新，不断推动事业发展。

　　在新时代的历史方位下，北大荒精神与时俱进，被赋予了新的时代内涵。北大荒人在建设垦区的过程中，随时代演进而丰富着北大荒精神的内核，不断筑牢北大荒精神的根基。在新发展阶段，北大荒精神依然具有极其宝贵的价值。传承和弘扬北大荒精神，要深入了解、深刻领会、深度把握北大荒精神与时俱进的新内涵、新形式。北大荒精神高度集成、融合了北大荒人在开发、建设北大荒的绚丽事业中所展现出来的自力更生精神、艰苦创业精神、勇于开拓精神、甘于奉献精神，这些宝贵的精神品格、精神财富历经淬炼升华，最终构成了新时代北大荒精神的坚实根基。

第七章
北大荒精神的价值意蕴

时代精神作为一种社会意识并不是凭空产生的，而是在社会实践中产生和发展的。北大荒这片土地孕育产生了北大荒精神。深入研究北大荒精神，对于全面总结几十年来北大荒经济社会发展的光辉成就，深入挖掘其经济社会发展的内在规律，尤其是精神动力因素，具有重要意义。北大荒精神的形成绝非偶然，其与北大荒的区域环境特征有着密不可分的关系。北大荒的自然环境是北大荒精神形成的特定基础，该区域的物质生产与生活方式、特定的历史文化传统、地方群体性格气质与心理底蕴以及生命价值取向，在长期的互动中孕育产生了以自力更生、艰苦创业、勇于开拓、甘于奉献为主要内容的北大荒精神。伟大的北大荒精神在开发建设北大荒过程中焕发出强大的精神力量，激励着一代又一代北大荒人顽强拼搏。

北大荒精神跨越时空，历久弥新。中国特色社会主义进入新时代，深入探寻北大荒精神的价值意蕴，能够激发广大党员干部昂扬斗志，为建设中国式现代化提供强大的精神动力，为实现第二个百年奋斗目标提供强大的精神动力，为实现中华民族伟大复兴提供强大的精神动力。

第一节　屯垦戍边的历史文化根基

近代以来，无数的拓荒者先后来到北大荒，拉开了屯垦戍边的序幕。清末的移民实边政策，虽然在一定程度上取得了成效，但是由于受到自然环境以及人力、物力等条件的限制，边境地区仍然人烟稀少，北大荒的肥沃土壤没有得到开发利用。直到 1947 年，一批转业军人积极响应党中央的号召，发起军垦戍边，正是由于他们的到来，才能够大规模开垦出耕地。这充分体现出最初一代北大荒人的艰苦创业精神，并在此基础上形成了独特的北大荒精神。可以毫不夸张地说，20 世纪 40—60 年代，北大荒开发建设得益于北大荒精神的重要支撑力量。进入改革开放和社会主义建设新时期，继往开来的北大荒人开启了国有农场经营体制改革的道路，他们兴办职工家庭农场，积极引导科技兴农，管理兴工。在这一时期，北大荒人积极改革创新，把北大荒精神作为敢于变革的强大的动力支撑和不竭的力量源泉。

北大荒人为了开垦出更多的耕地而努力奋斗，在这一过程中，他们始终坚持以北大荒精神为指引，奉献出自己的青春，甚至生命。新中国成立初期，由于受到农业技术发展水平的限制，开垦出更多的耕地是实现粮食增产最重要的途径之一。新中国成立后开垦的耕地面积在逐年增长，粮食产量逐年增加。北大荒人正是受到北大荒精神的鼓舞，才能够排除一切艰难险阻，在自然环境恶劣和物资紧缺的情况下勇往直前，义无反顾奔赴荒原。

1947 年，一批从战争一线走下来的复转官兵来到北大荒，开启了艰苦创业的开荒历程。1958 年，十万复转官兵奔赴北大荒，他们除了发展粮食生产，还发展了以农业为主，涉及林牧副渔业等的各种经营，并修建了密虎铁路。这一时期，黑龙江垦区的人口也发生了明显的变化，总人口由 1956 年的 194487 人，上升到 1978 年的 1765578 人。垦区人口的增长带来充足的劳动力，各行各业发展日益繁荣，在一定程度上促进了边疆的建设和发展。据统计，1949 年垦区的生产总值是 93 万元，第一产业为 69 万元，其他产业所占比例少之又少。到 1959 年，生产总值达到 20592 万元，与 1949 年相比增长了近 221 倍，工业、建筑业、交通运输行业都有所发展。

1968 年黑龙江生产建设兵团成立之后，截至 1976 年共有 54 万名知青来到北大荒。在这些城市知青的不懈努力下，垦区文化教育水平明显提高，医疗卫生事业取得长足发展，人们的生活观念发生了转变。截至 1978 年，垦区生产总值达到 96866 万元，三大产业取得较快的发展。改革开放后，第三代北大荒人坚守初心，不断探索，主动投身建设具有垦区特色国有农场的伟大实践，垦区内无论是广大干部职工还是普通人民群众始终坚持改革创新，革除旧观念旧理论，为走具有北大荒特色的农业现代化道路贡献智慧。可以说，这一时期，主要得益于北大荒精神的激励，边疆地区才能实现繁荣发展。

▶ 2021 年 10 月，北大荒集团建设农场抢收大豆作
业场景

经过三代北大荒人的辛勤劳作，祖国东北的边疆地区实现了真
正的繁荣。在推动边疆繁荣发展的过程中，北大荒精神起着重要的
凝聚作用，为北大荒人提供了源源不断的精神力量。在三代北大荒
人的共同努力下，不仅农业取得了发展，垦区的工商业、建筑业以
及其他行业也都得到了较快的发展，垦区人民的生活条件随之得到
了较大的改善。

新时代，广大党员干部要认真学习贯彻落实习近平总书记重要指
示精神，弘扬北大荒精神，自觉向先进人物看齐，主动学习他们屯垦
戍边的奉献精神，坚定理想信念，不忘初心，把为党和人民事业无私
奉献作为自己最高的价值追求，承担保家卫国的重担；时刻把党和人

民的利益放在首位，不计较个人得失，这样才能在新时代的伟大征途中不断前进，实现长远发展。

第二节　振兴发展的重要精神文化动力

北大荒精神形成于特定的地域、事业、群体和时代中，反映出鲜明的北大荒特色。① 它既具备深厚的民族精神底蕴，又闪烁着时代精神的活力，从中可以看出北大荒人的群体风采，对于全社会来说，它已经成为一笔永恒的精神财富。

北大荒精神的形成，与新中国的农垦事业齐头并进，它们是同生、同育、同步发展的。② 时代创造了历史性机遇，为北大荒人提供了实现理想、施展抱负的巨大空间；北大荒人不惧冬天的寒冷和夏天的酷暑，深深扎根于亘古荒原，在创业实践中铸造了伟大的北大荒精神，这一精神具有强大的生命力，能够代表历史前进的方向，可以反映出时代的整体风貌，在一定程度上推动了社会进步。这一精神的价值，关键在于它能激发人的潜能和创造力，把精神力量最大限度地转化为物质力量。

作为中国农业生产领域的国家队和主力军，北大荒一直发挥着现代化大农业的示范和引领作用：农业机械化率世界领先；现代农业产业体系初步形成，以规模化种植、标准化生产和产业化经营为主导；

---

① 刘惠：《论北大荒精神的形成》，《法制与社会》2020 年第 5 期。
② 许开峰：《垦区改革时期弘扬北大荒精神的哲学探析》，《农场经济管理》2019 年第 1 期。

农业逐步朝着数字化、精准化和智能化的方向发展。北大荒精神是北大荒振兴与繁荣的精神基因。70多年守正创新，北大荒与中国农业现代化进程同向同行，诠释了北大荒精神的力量。新时代，把打造"三大一航母"作为奋斗目标，积极为国家战略服务，打造国际化大粮商，提升全球农业竞争力，北大荒再出发。

自力更生精神是北大荒人国家、集体利益至上价值观的重要表现。在艰辛的拓荒时期，北大荒人依靠自己、自立自强、牺牲奉献。改革开放后，北大荒人推进垦区率先实现农业现代化进程，真正承担起历史赋予的重任，以自立自强精神实现垦区经济与黑龙江省乃至国家经济共同繁荣，通过布局区域化、生产专业化、服务社会化、经营市场化，来扩大开放，加速发展。

北大荒人把自力更生精神贯穿到垦区拓荒时期的第一次创业和改革开放后第二次开发的全过程。①第一次创业的时间是从1947年第一批国有机械化农场的创建到1978年改革开放前，其中取得的最重要成就是在荒无人烟的北大荒，建成了全国规模最大的国有农场群，实现从北大荒到北大仓这一历史转变，为黑龙江省和国家经济社会发展作出巨大贡献。第二次开发的时间是从1978年改革开放至今，坚定面向市场，勇敢迎接挑战，紧紧抓住机遇，奋力开拓进取，做出重大成绩。首要的就是抓住战略机遇，利用振兴东北老工业基地的相关政策，加快推动现代农业和龙头企业的建设。②善于把自力更生与开放开发有机结合，积极引进人才、技术等，不畏艰难、奋发进取，不屈不挠、坚

---

① 周玉玲：《北大荒精神的再认识》，《农场经济管理》2017年第2期。
② 邹宛言：《北大荒精神与北大荒集团企业文化建设融合之新思考》，《农场经济管理》2020年第10期。

韧不拔，不断把事业推向前进。

北大荒精神具有强大的思想驱动力。半个多世纪以来，在北大荒精神的激励作用下，黑龙江垦区取得了辉煌的建设成就。北大荒精神能够激发出北大荒人的潜能和创造力，从而战胜遇到的各种挫折与困难。开发初期，北大荒人一方面面临着恶劣的自然环境，另一方面又处于缺少经验、设备和资金的艰难时期。但是这并没有击退北大荒人建设农垦事业的决心，他们依靠持久的毅力和潜在的创造力，将为国分忧、为民族争气的爱国热情转化为艰苦创业的强大力量。这一时期，他们不仅在许多方面都取得了显著的成绩，而且始终将勇于开拓精神牢记于心。北大荒人的创造才能在开拓意识的激励下得到充分发挥，他们的文化素质和劳动技能随着生产的发展和科技的进步而不断提高。北大荒人的开拓意识，是北大荒发展不竭的源泉。

改革开放后，北大荒精神激励着北大荒人把进取意识、创新意识、竞争意识、效益意识，转化为建设北大荒的具体行动。为了早日探索出垦区现代化农业道路，北大荒人采取了一系列措施，他们大力发展农业机械化、科技化，努力实现粮食产量增长，主动变革垦区管理体制，积极引进外资和技术。新时代，北大荒精神依旧发挥着重要作用，北大荒人从中汲取奋勇向前的强大精神力量。北大荒人深化农垦体制改革，坚持对农业科技领域的不断探索，尽全力打造面向国际市场的农业领域的航母。

科学为勇于开拓的北大荒精神插上了坚实的翅膀，而创新则是勇于开拓的北大荒精神的核心和灵魂。北大荒人在第一次创业中是以拓荒者的形象登上历史舞台的。在第二次开发的数十年中，北大荒的农业改革一共取得了三次飞跃。首先是 1978 年后进行双层经营体制改革开始创办家庭农场，其次是 1997 年走向规范的土地适度规模经营，最后是 2000 年以来的撤队建区。北大荒在三次飞跃的过程中响亮地提出了新"三化"发展目标，分别是"农业现代化、农区工业化、农场城镇化"。新时代发扬北大荒精神，就要坚持与时俱进、观念创新、体制创新、机制创新、科技创新、管理创新。

甘于奉献精神是北大荒精神的闪光亮点。新时代，发扬光大北大荒精神，就要坚持甘于奉献，坚持理想先行，科学发展，国家至上、服务至上、信誉至上、奉献至上，为社会提供更多优质服务。

北大荒精神，是一种实践精神，它能够加快现代化大农业的进程；是一种时代精神，它是以北大荒农垦事业为特殊基础的；是一种创业精神，不断开拓深入发展，推动时代不断前进。它的导向作用、规范作用、激励作用、凝聚作用和辐射作用，既体现在思想的高度统一上，又体现在行动的高度统一上。新一代的北大荒人继承前辈的优良传统，学习前辈的奉献精神，为农业现代化建设贡献力量。爱岗敬业、勇于担当也是新时代奉献精神的具体表现。新一代的北大荒人要忠于自己的岗位，热爱自己的工作，勇于担当，敢于作为，只有这样，才能立足工作岗位，履行职责，贡献智慧，从而推动垦区又好又快地发展。新一代的北大荒人应当立志高远，把无私奉献作为崇高的价值追求，把国家事业与人民福祉放在首位，顽强拼搏，自强不息，为实现中华民族伟大复兴的中国梦贡献力量。

北大荒精神，它是民族精神深厚底蕴的体现，也是时代精神的凝聚。北大荒精神永远不会荒芜。自力更生是北大荒精神的时代风范，它体现出北大荒人所具有的独特气质和精神品质。艰苦创业是北大荒精神的核心价值，在黑龙江精神文化建设中，艰苦创业被看作主旋律，在实现社会主义现代化进程中，艰苦创业被认为是动力之源。勇于开拓是北大荒精神的根本特征，为实现中华民族伟大复兴中国梦和建设社会主义现代化强国提供强大的精神动力。甘于奉献是北大荒精神的最大闪光点。

回望历史，屯垦戍边作为历史文化根基，为北大荒精神的形成和发展奠定了基础。在中国共产党的领导下，北大荒精神在中国革命、建设、改革的不同历史时期逐渐形成并不断发展，它与时代发展同步，永远不会过时，鼓舞着无数中华儿女自觉投身国家建设的伟大事业。新时代，北大荒精神为振兴发展注入源源不断的精神动力。构建社会主义物质文明与精神文明需要弘扬北大荒精神，新时代中国特色社会主义建设需要北大荒精神发挥作用，北大荒精神对于每一个社会成员来说，是永恒的精神财富，具有强大的生命力，在新的历史机遇期，我们要深刻把握北大荒精神的当代价值，将精神力量转化为巨大的物质力量。

70多年的开发建设过程，在一代又一代北大荒人的努力下，曾经荒凉的土地被打造成国家重要商品粮基地、粮食战略后备基地和农业现代化示范区，如今的北大荒在我国农业生产中已经居于重要的战略性地位。今天，黑龙江垦区进入农垦体制改革的深水区、攻坚期。黑龙江垦区凸显北大荒精神力量，以顾全大局的奉献担当精神和勇于开拓的奋斗情怀，贯彻落实习近平总书记的重要指示精神，遵循省委、省政府的统一部署，以深化改革为动力，恪守绿色生态发展要义，深化供给侧结构性改革，实施乡村振兴战略，建设现代农业大基地、大企业、大产业，努力形成农业领域的航母。

文化是发展的精神命脉，是振兴之魂。在推进农业现代化进程中，不仅需要一定的物质条件，还需要足够的精神力量，使黑龙江垦区人民能够团结一致、勇往直前。北大荒精神在黑龙江垦区的沃土中生根，曾经对推动黑龙江省乃至我国的经济发展和社会进步发挥了巨大的作用。进入新时代，黑龙江垦区在北大荒精神的影响下得到了较快的发展。随着黑龙江垦区农业现代化进程的推进，更应注重挖掘北大荒精神的价值意蕴，将宝贵的精神财富传承和发扬下去。在北大荒精神的引领下，黑龙江省坚持以习近平新时代中国特色社会主义思想为指导，围绕全面振兴全方位振兴的目标定位，积极承担维护国家"五大安全"的政治责任，坚守初心、铭记使命，顽强拼搏、聚力攻坚，许多长期想解决而没有解决的难题得到了解决，许多事关振兴发展全局的大事最终得以办成，啃下了改革过程中遇到的制约发展的一些硬骨头，建成了一些打基础、攒后劲、利长远的重大工程项目，保持经济运行总体平稳，持续优化经济结构，加快推动高质量发展，不断增强综合实力，开创全面振兴全方位振兴新局面，奋力谱写全面建设社会主义现代化国家龙江新篇章。

第三节　伟大建党精神基因在东北的时代精神坐标

伟大建党精神基因在北大荒这片神奇土地上孕育锻造了北大荒精神。北大荒精神在中国共产党精神谱系中占有重要位置，是以伟大建党精神基因为源泉孕育而成，是伟大建党精神基因在东北的拓展和延伸。

源浚者流长，根深者叶茂。新时代深入理解北大荒精神与伟大建党精神的关系，能够激发广大人民的昂扬斗志，为建设中国式现代化提供强大的精神动力，为实现第二个百年奋斗目标提供强大的精神动力，为实现中华民族伟大复兴提供强大的精神动力。

伟大建党精神是中国共产党人精神谱系的源头，作为中国共产党人精神谱系的重要组成部分——北大荒精神，是伟大建党精神基因在特定区域生根、开花、结果的产物。北大荒精神与伟大建党精神是"流"与"源"、"叶"与"根"的关系。北大荒精神在伟大建党精神的引领下衍生和发展，赓续了伟大建党精神基因，传承了伟大建党精神血脉，凝聚了伟大建党精神品质，不仅是伟大建党精神的生动写照，也是反映时代精神、民族精神的宝贵财富。

一、北大荒精神是以伟大建党精神为源泉而形成的

伟大建党精神是我们党精神谱系的总源头和贯穿于其中的一条红线，作为精神谱系重要一环的北大荒精神是以伟大建党精神为源泉而形成的，是伟大建党精神在东北地区的独特精神风貌的具体呈现。

北大荒精神的内涵，与伟大建党精神的内涵一脉相承，集中体现了党的理想信念、性质宗旨、革命精神和政治品质，为北大荒的建设提供了强大助力。在"坚持真理、坚守理想"层面，北大荒精神衍生出解放思想、敢闯新路的勇于开拓精神；在"践行初心、担当使命"层面，北大荒精神衍生出胸怀全局、富国强民的顾全大局精神。在"不怕牺牲、英勇斗争"层面，北大荒精神衍生出不畏艰险、顽强拼搏的艰苦奋斗精神。在"对党忠诚、不负人民"层面，北大荒精神衍生出

不计得失、勇于牺牲的无私奉献精神。因此，伟大建党精神是北大荒精神的基因源头与起点，是北大荒精神的思想内核。从这个角度来说，北大荒精神是以伟大建党精神为源泉而生成的。

二、北大荒精神是伟大建党精神的拓展延伸

北大荒地处东北边陲，土壤肥沃、资源丰饶，是我们党在东北地区屯垦戍边的第一站，开垦北大荒在社会主义建设史上有着重要的历史意义，北大荒精神在中国共产党人的精神谱系中有着重要的地位。

以王震为代表的中国共产党人，传承伟大建党精神基因，在社会主义建设时期的东北开展了开发、建设北大荒的一系列工作，激励了一代又一代北大荒人不断奋进，将自己的青春、汗水、生命都奉献给了这片土地，铸就了我国农业发展的伟大丰碑。

在北大荒开垦、开发的历程中，数以万计的共产党员将汗水洒在这片荒野上，极大地推动了北大荒建设。"保卫边疆、建设边疆、奉献边疆"在理想信念层面传承了伟大建党精神，为人民确保"中国粮食、中国饭碗"在性质宗旨方面传承了伟大建党精神，"用青春换良田"在革命精神方面传承了伟大建党精神，"全国一盘棋""献了青春献终身，献了终身献子孙"在政治品质方面传承了伟大建党精神，将伟大建党精神在北大荒上植根、拓展，在"基因"范畴上延伸了中国共产党精神谱系。北大荒精神是伟大建党精神在东北的时代精神坐标，弘扬北大荒精神就是发扬光大伟大建党精神。从这个角度上讲，北大荒精神是伟大建党精神的拓展延伸。

三、北大荒精神在伟大建党精神的引领下不断向前发展

北大荒精神不仅是三代北大荒人屯垦戍边、披荆斩棘造就的，也是赓续伟大建党精神的红色血脉，将亘古荒原建设成享誉世界的北大仓的生动写照，更是北大荒人在新民主主义革命时期巩固后方、支援前线，在社会主义革命和社会主义建设时期对党和国家赤胆忠诚、勇于担当，在改革开放和社会主义建设新时期服从大局、锐意进取，在中国特色社会主义进入新时代执着追求、奋发有为的精神浓缩。北大荒精神，既有伟大建党精神的深厚底蕴，又凝结着时代精神的活力，具有先进精神的集成性、跨越时空的穿透性、非凡的创造性、激励凝聚的导向性、引领示范的辐射性、人本和谐的协调性，是满足现代文化建设需求的一种先进观念，其不断地适应现代文明的发展，在垦区人生活的方方面面都有体现，已经成为共同的行为准则和价值取向。

▶今日北大荒生产作业的场景

伟大建党精神是中国共产党建党实践的产物，是中国共产党革命实践的精神结晶，在中国革命、建设、改革的进程中起到重要的引领作用。北大荒精神是龙江各条战线广大干部群众开发建设、接续发展美丽家乡的精神境界和物化状态的高度统一体。北大荒精神在伟大建党精神的引领下不断向前发展，是独具东北文化特质的精神，是中国共产党人开发东北、建设东北的独特精神，其深深地根植在东北垦荒史中，彰显了中国共产党人的历史主动性精神和接继奋斗精神，昭示了百年大党风华正茂的精神基因。

参考文献

1.《马克思恩格斯文集》（1-10卷），人民出版社 2009 年版。

2.《马克思恩格斯选集》（1-4卷），人民出版社 2012 年版。

3.《列宁选集》（1-4卷），人民出版社 2012 年版。

4.《列宁全集》（第二版增订版）(1-60卷)，人民出版社 2017 年版。

5.《十八大以来重要文献选编》（上、中、下），中央文献出版社 2014、2016、2018 年版。

6.《十九大以来重要文献选编》（上、中），中央文献出版社 2019、2021 年版。

7.《毛泽东选集》（1-4卷），人民出版社 1991 年版。

8.金冲及主编：《毛泽东传（1893-1949）》，中央文献出版社 1996 年版。

9.逄先知、金冲及主编：《毛泽东传（1949-1976）》，中央文献出版社 2003 年版。

10.《邓小平文选》（1-3卷），人民出版社 1989、1983、1993 年版。

11.《江泽民文选》（1—3 卷），人民出版社 2006 年版。

12.《胡锦涛文选》（1—3 卷），人民出版社 2016 年版。

13.《习近平谈治国理政》（1—4 卷），外文出版社 2018、2017、2020、2022 年版。

14.《习近平关于实现中华民族伟大复兴的中国梦论述摘编》，中央文献出版社 2013 年版。

15.《习近平关于全面建成小康社会论述摘编》，中央文献出版社 2017 年版。

16.《习近平关于社会主义文化建设论述摘编》，中央文献出版社 2017 年版。

17.《习近平关于"不忘初心、牢记使命"论述摘编》，中央文献出版社、党建读物出版社 2019 年版。

18. 习近平：《论中国共产党历史》，中央文献出版社 2021 年版。

19.《党的十九大文件汇编》，党建读物出版社 2017 年版。

20.《〈中共中央关于党的百年奋斗重大成就和历史经验的决议〉辅导读本》，人民出版社 2021 年版。

21. 中共中央党史研究室：《中国共产党历史》（1—2 卷），中共党史出版社 2011 年版。

22.《中国共产党简史》，人民出版社、中共党史出版社 2021 年版。

23. 欧阳淞：《中国共产党党的建设基本问题研究》，人民出版社 2021 年版。

24. 中共黑龙江省委党史研究室：《北大荒精神学习读本》，中共党史出版社 2016 年版。

25. 杨河：《中国共产党革命精神史读本——社会主义革命与建设篇》，人民出版社 2015 年版。

26. 韩乃寅、逄金明：《北大荒全书（简史卷）》，黑龙江人民出版社 2007 年版。

27. 孙勇才：《北大荒精神》，黑龙江人民出版社 1995 年版。

28.《当代中国的农垦事业》编辑部：《当代中国的农垦事业》，中国社会科学出版社 1986 年版。

29. 张玉林：《荒原岁月》，北方文艺出版社 2011 年版。

30. 韩乃寅：《岁月》，作家出版社 2010 年版。

31. 梁晓声：《雪城》，人民文学出版社 2019 年版。

32. 韩乃寅、高明山：《北大荒精神论》，时代文艺出版社 2008 年版。

33. 黄宏、高跃辉：《北大荒精神》，人民出版社 2012 年版。

34. 韩玉影：《北大荒精神的历史流变与时代价值》，齐齐哈尔大学 2016 年。

35. 于弘池：《黑龙江垦区土地资源的法律保护》，东北林业大学 2014 年。

36. 严丰：《北大荒版画风格演变研究》，哈尔滨师范大学 2019 年。

37. 苏金瑞：《北大荒精神的基本问题研究》，长春理工大学 2019 年。

38. 刘云飞：《知青影视研究》，武汉大学 2015 年。

39. 武孟超：《梁晓声北大荒知青小说论》，牡丹江师范学院 2017 年。

40. 孙立明：《北大荒集团国际化发展战略研究》，黑龙江大学

2015 年。

41. 何洪艳：《黑龙江垦区新型城镇化建设研究》，吉林大学 2017 年。

42. 梁艳：《北大荒小说与北大荒精神：韩乃寅小说论》，牡丹江师范学院 2016 年。

43. 丁履枢：《"北大荒"开垦史》，《炎黄春秋》2003 年第 4 期。

44. 张华：《论北大荒精神在高校思想政治教育中的应用》，《教育与职业》2014 年第 23 期。

45. 周玉玲：《北大荒精神的再认识》，《农场经济管理》2017 年第 2 期。

46. 杨丽艳、陈文斌：《弘扬北大荒精神 加强大学生思想政治教育工作》，《东北农业大学学报 (社会科学版)》2012 年第 10 期。

47. 隋凤富：《北大荒的巨变与北大荒精神》，《求是》2007 年第 16 期。

48. 郭思元、刘大勇：《历久弥新的北大荒精神》，《信阳农林学院学报》2019 年第 2 期。

49. 刘惠：《论北大荒精神的形成》，《法制与社会》2020 年第 5 期。

50. 王诚宏：《论北大荒精神及当代价值》，《黑龙江省社会主义学院学报》2010 年第 3 期。

51. 陈彦彦：《马克思主义价值观视阈下北大荒精神的内涵探析》，《中国高校社会科学》2020 年第 3 期。

52. 刘惠、陈彦彦：《文化自信视域下北大荒精神的传承与弘扬》，《江西科技师范大学学报》2019 年第 3 期。

53. 隋凤富：《北大荒的巨变与北大荒精神》，《求是》2007 年第

16 期。

54. 尚辉：《新中国版画的三次审美转换》，《美术》2009 年第 12 期。

55. 于承佑：《新时期的黑龙江版画》，《艺术·生活（福州大学厦门工艺美术学院学报）》2016 年第 4 期。

56. 陈彦彦、李军：《论北大荒精神及其时代价值》，《大庆师范学院学报》2019 年第 5 期。

57. 张昱：《北大荒精神——打造北大荒"三大一航母"伟大征程的动力之源》，《现代农业研究》2019 年第 10 期。

58. 王健博、于春梅、仲晨星：《北大荒精神的当代审视》，《边疆经济与文化》2019 年第 11 期。

59. 郑英玲、邹丽辉、李学林：《1958–1966 年北大荒文学的价值意义研究》，《佳木斯大学社会科学学报》2017 年第 4 期。

60. 许开峰：《垦区改革时期弘扬北大荒精神的哲学探析》，《农场经济管理》2019 年第 1 期。

61. 陈彦彦：《垦区农业现代化进程中北大荒精神内涵的再阐释》，《江西科技师范大学学报》2019 年第 1 期。

62. 教惟东、刘宇、李曦冬：《对电视剧〈情系北大荒〉的审美分析》，《当代电视》2010 年第 5 期。

63. 乔淑华：《情系北大荒》，《时代文学》2010 年第 6 期。

64. 梁齐双、曲竟玮：《一曲失真的青春颂歌——梁晓声知青小说〈今夜有暴风雪〉的电影改编》，《文教资料》2018 年第 8 期。

65. 陈国屏：《歌唱黑壤大地的灵魂——论诗歌中的北大荒风格》，《文艺评论》1985 年第 4 期。

66. 孙云洋、陈爱中：《北大荒诗歌论》，《哈尔滨师范大学社会科学学报》2015 年第 5 期。

67. 杨艳秋、叶子犀、沈鸿：《存在论视阈下的北大荒诗歌探析》，《文艺评论》2016 年第 2 期。

68. 章磷、姜楠：《北大荒集团现代化大农业发展研究》，《农场经济管理》2020 年第 11 期。

69. 吴敏：《主人翁意识、爱国情怀与奉献精神》，《前进》2016 年第 11 期。

70. 邹宛言：《北大荒精神与北大荒集团企业文化建设融合之新思考》，《农场经济管理》2020 年第 10 期。

71. 郭玉奇：《牢记总书记教诲 传承北大荒精神》，《前进》2019 年第 12 期。

72. 薛立辉：《论北大荒精神的新内涵及时代价值》，《农场经济管理》2019 年第 5 期。

73. 鲁宏杰：《金风鼓帆再远航——北大荒集团（总局）学习宣传贯彻习近平总书记重要讲话精神综述》，《中国农垦》2019 年第 1 期。

74. 孙庆海：《十万官兵开发北大荒》，《党史文汇》1994 年第 9 期。

75. 盛大泉、王英志、周燕红：《十万官兵转业北大荒：黑土地上的燃情岁月》，《中国人才》2008 年第 14 期。

76. 刘济民：《永远的丰碑——纪念十万复转官兵开发建设北大荒50 周年》，《北大荒文学》2008 年第 6 期。

77. 金达仁：《难以忘却的北大荒知青岁月》，《中国农垦》2020 年第 7 期。

78. 丁媛：《北大荒知青生活全景式再现——长篇小说〈融雪〉作品研讨会综述》，《文艺评论》2019 年第 6 期。

79. 钟迺坚：《老照片里的北大荒下乡知青故事》，《山西老年》2018 年第 7 期。

80. 余永锦：《北大荒的上海知青》，《报刊荟萃》2013 年第 10 期。

81. 许人俊：《王震建议开垦北大荒》，《党史博览》2011 年第 3 期。

82. 修磊：《新时代下北大荒精神的 10 个特征》，《黑龙江日报》2013 年 4 月 22 日。

83. 许开峰：《垦区改革时期弘扬北大荒精神的理论探析》，《北大荒日报》2019 年 2 月 22 日。

84. 中共黑龙江省委党史研究室：《传承弘扬北大荒精神 谱写好中国梦的龙江篇章》，《黑龙江日报》2017 年 6 月 13 日。

85. 关利杰：《传承北大荒精神 推动垦区振兴发展》，《北大荒日报》2020 年 1 月 14 日。

86. 钱朱建：《重返北大荒，知青再创业》，《北大荒日报》2012 年 12 月 24 日。